潘茂名研究与综述

廖君 编著

经济日报出版社

图书在版编目（CIP）数据

潘茂名研究与综述 / 廖君编著. -- 北京：经济日报出版社, 2021.5
ISBN 978-7-5196-0881-1

Ⅰ. ①潘… Ⅱ. ①廖… Ⅲ. ①潘茂名-人物研究 Ⅳ. ①B959.92

中国版本图书馆 CIP 数据核字（2021）第 098400 号

潘茂名研究与综述

编　　著	廖　君
责任编辑	王　含
责任校对	蒋　佳
出版发行	经济日报出版社
地　　址	北京市西城区白纸坊东街 2 号（邮政编码：100054）
电　　话	010-63567684（总编室） 010-63584556　63567691（财经编辑部） 010-63567687（企业与企业家史编辑部） 010-63567683（经济与管理学术编辑部） 010-63538621　63567692（发行部）
网　　址	www.edpbook.com.cn
E－ mail	edpbook@126.com
经　　销	全国新华书店
印　　刷	成都兴怡包装装潢有限公司
开　　本	880mm×1230mm　1/32
印　　张	13.25
字　　数	150 千字
版　　次	2021 年 5 月第一版
印　　次	2021 年 5 月第一次印刷
书　　号	ISBN 978-7-5196-0881-1
定　　价	58.00 元

序　一

以作家情怀发现岭南文化之美

王　山

许多年前，我是从广东作家廖君知道潘茂名其人。

潘茂名是一名著名的道医，与茂名市有重大关联，据说在粤西地区影响甚广，后世形成了潘茂名历史文化。以广东广西海南为主的岭南文化，是中华文化瑰丽的分支，我相信潘茂名文化将会成为其中灿烂的奇葩。

认识廖君多年了，他尊我为老师，其中重要原因他非常崇拜我的父亲王蒙先生，26 年来以我父亲的格言“上午多用脑，下午少用脑，晚上不用脑”来规范自己养生与写作。他是中医药爱好者，青年时代求学岭南名医梁剑波，这个中医世家的养生治学，深深影响了他的创作与对潘茂名中医药学的研究。

我只到过茂名市一次，廖君多次邀请，所以一直想再次走走。他向我介绍了高凉古郡、千年窦州八坊村、化州拖罗饼、电城鱼炸，还有中国最古老最大的荔枝贡园——禄段贡园。茂名除了潘茂名，还有岭南土著文化冼夫人文化、年例文化、荔枝文化、石油文化、高凉文化，我相信在廖君日后著作会不断出现。

还是谈谈这部著作吧。我很少为非纯文学的著作作序，这是一次例外，为廖君质朴的文化衷情而作。

客观地说，这是一部专题文化专著，由关于潘茂名的文学作品、学术探讨、古籍文献、文物古迹、新闻报道组成，也可能是国内研究潘茂名文化最全面的文集。这部《潘茂名研究与综述》有400多页，书稿年初快递到了北京，疫情期间我待在家看了几遍，为廖君的毅力与执著而感动。作为长期供职政府的公务员，他牺牲了大量假日，默默而孤独地与古籍文献为伴，不断地为粤西本土文化鼓与呼，他的这种奉献精神超越了公务员、作家、文化爱好者的范围，或许是一种“好心茂名”精神的体现吧，这种精神宣传标识，我在茂名大街小巷可以见到，一种可贵的岭南文化精神。廖君曾对我说：我的家乡经济落后，但山水可人，有宝贵的粤西人文文化，这在中国南方沿海是难得了。廖君希望我帮他多宣传。

这部文集有几方面是闪亮的。

其一，以作家的视角与情怀，挖掘宣传岭南文化。廖君是中国作家协会的会员，他以中国作家的人文情怀关心家乡文化，本土的民族的才是世界的。年初我参与了纪录片《潘茂名》解说词网络研讨会，有了他这种家国情怀、开阔的视野，他的文学作品更有生命力，文化专著有久远的光芒。在他的解说词，我读到了央视纪录片《舌尖上的中国》《问道楼观》的影子，大气磅礴的历史画面，细腻生动的描写与生物分子学运用，历史切入感强烈，语言简洁，口语通俗，文锋新锐，不愧为一部精美的解说词。正如我的好友、中国作协副主席陈建功评价：仔细看了有关潘茂名的影视剧本，佩服廖君对潘茂名史事所持超然远览、古为今用的态度。经其爬梳剔抉，融汇诸家，又以激情洋溢的文字予以阐发，对我们了解和认识茂名地域文化的精神渊源无疑有巨大的启示，相信这是对当下茂名文化建设的重大贡献。

其二，以文学形象的手法来撰写历史文化，改变传统客观而呆板的史实文风。比如《走近潘茂名》一文，我在“南方+”等网络媒体中读过，他以文化散文笔触，以第三人称切入纷繁历史中。开篇洋洋洒洒，“这不仅是一种传说。岭南历史是如此鲜活与真实。”又客观评价，“潘茂名，一个被后世仙化的著名人物。一袭青袍，锁发，他脚踏布鞋，腰背药囊。潘茂名仿佛在历史的远处，踽踽独行。在众多的诗篇与文物中，我们能感受潘仙真实生动、求志达道的人生。这位粤西传奇人物的一生，世人给了他一个圆满的归宿——得道成仙。这既是世人给予潘茂名无限尊荣的纪念，也折射出百姓们虔诚朴素的美好向往。”多种文学修辞运用，在其他作品不断出现。如《潘茂名的游学生涯》《寻找潘茂名传人》。

其三，以开阔胸怀集合百家学术之长，共同宣传潘茂名文化。认识廖君并结为师生朋友，我看重他的为人真诚。听说他年轻时候是愤青，爱国爱党爱家，办事严格自律，注重传统文学传承与坚守。自古有“文人相轻”的说法，在廖君这本专著我看到可贵的包容，他敬重研究潘茂名的老专家学者，并一一登门探访请教。这部《潘茂名研究与综述》著作，除了有他大量原创作品，还不吝啬篇幅，用来宣传肯定20多位代表专家学者的关于潘茂名作品，比如收录粤剧《潘茂名》剧本、清代古籍《潘仙全书》《岭南道教先驱潘茂名》等专著介绍。这是一种开放包容的文化品格，是值得肯定，或许是廖君一种人格魅力吧。

2020年是最不平凡的年份，我们一直在防疫与坚守。能在疫情生活中，深度认识潘茂名，为广东沿海城市的文集作序很有意义。在著作中我也看到1700年前潘茂名也用中药抗瘟疫成功，但愿庚子年这是一种吉兆。“济世有奇诀，救人须用心”，这是潘茂名文化的力量，这是中华中医药的魅力，相信专著出版后，疫情也消泯了。

朗朗神州，天下太平。

我在北京朝阳区与诸位共勉，是为序。

2020年8月3日于北京

（王山，中国作家协会《中国作家》原主编、著名作家）

序　二

弘扬“好心茂名”精神保护潘茂名文化

邱立诚

《潘茂名研究与综述》厚厚一叠书稿，在7月份快递到广州，我抓重点内容阅读了几遍，为家乡作家的文化情结而感到欣慰，故而针对著作及潘茂名文化挖掘及遗迹保护提点意见。

廖君先生是位作家，他不仅仅是茂名的作家、广东的作家，而且是国家级的作家，虽然供职于茂名市机关，但作家的身份却不是虚名。他的个人事迹，被许多中国新闻媒体所介绍，因此逐渐为世人所知。当然，世人所知只是“西粤君”，而不知这是廖君先生的别名。正式地说，他的创作以散文为主，擅长大散文创作，涉及市井百态、风土人情、历史文化。岭南文化是他近年散文创作的重点，其中不少是关于潘茂名文化的。

值得注意的是，廖君先生是茂名人，他从本土出发，深入地研究了潘茂名这个人物，这是作家最为熟悉之处，也是最容易忽略之处。廖君先生的研究，包括了潘茂名的游学生涯、潘茂名的故事传说、有关潘茂名的古籍文献记载、关于潘茂名的文物古迹、历代关于潘茂名的文艺作品、“潘茂名文化”的概念及内涵、潘茂名与“好心茂名”精神的关联、潘茂名的医学成就及其影响、潘茂名的道教理论及其影响、《潘仙签语》的实录及最新释义、清代谭应祥的《潘仙全书》、大型古装粤剧《潘茂名》剧本、人文纪录片《潘茂名》解说词、当代关于潘茂名的学术著作、潘茂名中医药研究成果等。这种研究并不仅仅是具体的，也是系统的。这其中有几个亮点：

一是在古籍（唐代）中发现，国内最早记录潘茂名的历史文献《北户录》和《岭表录异》；二是与许多潘茂名研究专家统一考证了潘茂名出生年月与逝世年月；三是从作家角度研究和宣传潘茂名文化；四是在茂名市纪念建市60周年丛书中正式归纳和提出“潘茂名文化”的概念与内涵；五是提出在古籍（清代）《潘仙全书》中，签语“济世有奇诀，救人须用心”，是“好心茂名”精神来源之一；并与高州市中医院医生们共同寻找考证潘茂名的中医药传人……

我是通过潘茂名展览、电白博物馆的展览撰稿而与之相识和交往的，廖君先生也是研究岭南文化的专家，他客观求实的治学态度给我留下了深刻的印象，《潘茂名研究与综述》一书可以说是目前国内最全面的潘茂名研究著作，“昭昭千年，高凉古风。太熙宁康，晋士传奇”，正是潘茂名的写照，也是廖君先生对潘茂名的高度评价。潘州、茂名县都是以潘茂名之姓和名来命名，这已为历代所明证。

作为文物考古工作者，我从廖君的文稿中发现大量与潘茂名有关的文物古迹，以今高州最为集中，如西山、东山、潘仙坡、观山寺建筑群、思前井、茗园、金玉二井、升真观、玉泉庵、潘仙殿、吕祖殿、潘仙亭、潘仙祠、潘仙观、石船等遗址，均在高州市城区；根子超世寺、亚盘村（潘坡村）在高州市根子镇；灯心塘超世寺、浮山石船在茂名市电白区霞洞镇。茂名市高新区纪念潘茂名弟子林真人的雨公山庙，现已改建为公园，成为今人纪念潘茂名的场所。此外，还有部分潘茂名的遗迹在惠州市罗浮山、浙江省淳安县、江苏省句容市、南京市、广西桂林市、北流市。据了解，由于历经多年，许多文物建筑已经消失，但遗址仍在，遗迹还保留，保护开发为景区景点，人民是欢迎的，这是茂名文化的根脉，是坚挺岭南文化的自信表现，是宝贵的粤西文化财富，希望大家共同挖掘、保护、宣传，为美丽乡村的建设发挥应有的贡献。当然，如何保护好这些遗址、遗迹，还需专家们论证并给予意见，但这种保护是应该的，值得的，是文化建设的需求。

历史是人民创造的，潘茂名的历史受到历代人民的传颂，这是“济世有奇诀，救人须用心。三天曾纪录，四海尽知名”最好的注解。潘茂名在80多年的生涯中，以道医身份，一生悬壶济世，关爱民生，救死扶伤，扶危济困，体现了古代岭南仁医博爱的情怀，这就是“好心茂名”精神的启元。它与150多年后巾帼英雄冼夫人提出的“我事三代主，唯用一好心”，共同形成了“好心茂名”精神。这种精神，正是来源于潘茂名，由此，笔者相信，《潘茂名研究与综述》一书的价值也在于此。潘茂名在中国岭南历史上有十分重要的贡献，因此，不应低估其所起的作用。如今，茂名市正在大力弘扬潘茂名文化及“好心茂名”精神，使之深入人心，成为今天人们的道德规范。

是为序也。

2020年7月20日于广州

（邱立诚，广东省文物考古研究所原副所长、研究员、著名考古学家）

目录 Contents

潘茂名的游学生涯

西晋永嘉四年（310 年），一位健壮的青年束装起行，往东北而去。

这位叫潘茂名的青年徒步数千公里，以坚忍不拔的毅力在外游学修炼 20 年，成就岭南道教先驱之一。他悬壶济世，开启粤西中医药文化的传承，成为一代岭南仁医，打开粤西文明的窗户。

隋开皇十八年（598 年）设立茂名县，是以潘茂名之名命县名，用以纪念潘茂名对粤西人民的恩德。唐贞观八年（634 年）又用潘茂名之姓改南宕州（贞观六年才改高州为南宕州）为潘州。如今广东省茂名市名字因之而来。中国以道士之姓设州、以名设县、以名命名地级市，唯潘茂名一人。

广东省韶关梅岭的秦关古道

粤北的山路崎岖，日行百里十分疲惫。从高凉郡出发，潘茂名取道始兴郡曲江，就是今天的广东韶关。唐代名相张九龄拓展梅岭古道之前，越过大庾岭山须走秦关古道，这里道路曲折危险。

从新余进入江西，潘茂名进入晋安郡，抵达福州、泉州。仙霞关，素有“两浙之锁钥，入闽之咽喉”之称。从大庾岭到仙霞山，瘴气重重，悬崖峭壁。潘茂名艰难穿越仙霞关，新都已在眼前。

浙江省江山市的仙霞关

西晋太康元年，新都郡更名新安郡，在今天浙江省淳安县西北。《神仙通鉴》记载，潘茂名“经新都石室”。据考证，这个地方很可能在淳安县梓桐镇的尹山。明嘉靖《淳安县志》也有记载。这里历来风景秀丽，是治学修炼的理想场所。

浙江省淳安县梓桐镇的尹山

在仲夏的一天，潘茂名进入尹山石室，两位老道士在石台愉快地对弈。彼此之间对话，过千年仍保存古籍之中。

老道士："汝懂棋局之行走奥妙乎？"

潘茂名："棋局布阵神奇诡秘，内藏玄机。入犹蛇窦，出似雁行。并非为凡间之对弈矣！"

老道士："汝顶骨贯于生门，命轮齐于日月，脑血未减，心形不偏，若能苦心修炼，必能成正果！"

这位道士无私地传授潘茂名采药炼丹技法，教他保健食法。

在尹山潘茂名起早摸黑，捣制丹膏，在山谷闭关修炼，不知不觉过了20年。

浙江省淳安县尹山石室

东晋咸和五年（330 年），郭道士来访尹山石室，与潘茂名彻夜长谈。郭道士说，“今天下时局，南北分治，华夏与南夷尚未统一，南北差异甚大。欲观瞻今中国之现状，理应走出山门，开阔视野。汝应以炼制之丹膏散药，造福民众。然汝固步深山，自我封闭，何知天下之变幻，救民于水火哉？”

郭道士的来临，促使潘茂名决定出山。

潘茂名从新安郡起程，穿过杭州横渡太湖，直抵东晋国都建康，也是今天的江苏南京。在建康城休息了几天，他立即离开建康，去句容茅山。

茅山是道教上清派的发源地，著名道士陶弘景曾结庐在此修炼。相传西晋的葛洪、潘茂名在这里学问。《茂名县志》记载，潘茂名在茅山探访张玄宾。拜访“善谈虚无，广怀道法”的张玄宾，是潘茂名梦寐以求的事情。

张玄宾说："夫无者太有之宅，小有之所以生焉。积小有以养小无，见大有以本大无。有有亦无焉，无无亦有焉。于是无则无宅也，太空亦宅无矣。吾未生时，天下皆无无也。"

通过张玄宾，潘茂名领悟道家古老的哲学，为潘茂名行医济世奠定了重要理论基础。

江苏省句容市的茅山

《茂名县志》记载，潘茂名辞别张玄宾要回故里，张玄宾关心高凉的旱涝。作为朝廷司管雨官，他发挥专业技能，洞察千里。指出高凉山附近的龙湫水脉与苍梧郡相通，如果遇到旱情可以到窟中祷告，凿穿山崖，引水灌溉。如果遇上水患，削木为船，镇洪摆渡，能保万民平安。

咸和六年（331 年）的夏天，回家乡前夕潘茂名专程探访葛洪，句容是葛洪的故乡。潘茂名与葛洪攀谈了很久，包括他在新都石室修炼丹砂术的经历，表示回家乡炼丹济世。葛洪对潘茂名想法十分支持，咨询了南方丹砂原料情况。

葛洪在罗浮山的想象图

在返程途中，相传潘茂名经过惠州罗浮山，与葛洪在罗浮山论道炼丹，开创岭南道医的先河。在今天的青蒿园、洗药池、稚川丹灶，仍保留众多道医的文物古迹。

这一年的冬天，潘茂名终于回到故乡高凉。

潘茂名回到高凉，得知葛洪来到了广西沟漏，想方设法赶到桂东南。

沟漏与高凉相邻，今天广东高州市与广西北流市相距 150 公里。

据《晋书》记载，葛洪在东晋咸康年间，出任勾漏县令，在勾漏洞炼丹修书许多年。一对师兄弟相会在岭南，缔造了许多传奇故事。

（文/廖君）

潘茂名的故事传说

1. 潘茂名的出生

浮山岭潘坡村，在古高凉时美丽富饶。

这两天高凉大户潘家将有孩子出生，潘家倾巢而出，四下张罗，人们忧喜交织。

孩子的父亲叫潘为业（后世著作也称潘启疆），历史文献没记载他的姓名。他是高凉当地俚人“都老”、村落的首领。晚年得子，喜出望外，但忧心如焚。

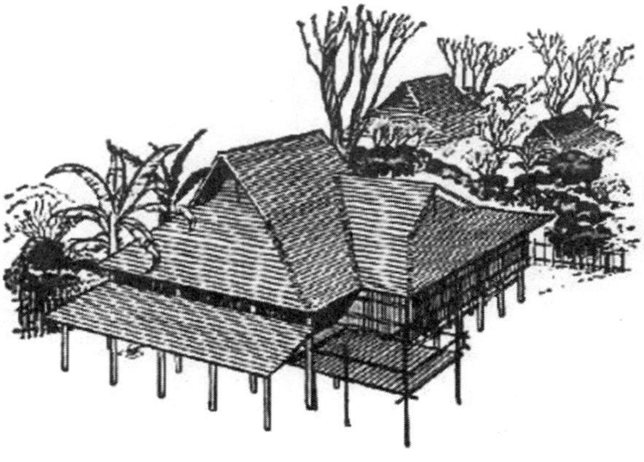

潘为业来回在干栏屋下踱步，守望二层的产妇。

村子的人也在篱笆墙外守候。这个婴孩的出生，似乎不同寻常。超长的怀孕，在娘胎中迟迟不出来。

暮春的清晨很漫长。潘家大院折腾了一宿，小家伙终于降生。随着一声响亮的长长啼哭，山村开始热闹，潘家迎来了吉祥的喜庆。

潘茂名的出生，披上神秘的色彩。

这是公元 290 年，西晋太熙元年，农历三月二十四。

2. “石船丹灶”传说

相传东晋永和年间，鉴江洪水泛滥，群众流离失所。

潘茂名回忆师父张玄宾教导，“削石为船，镇渡洪潦”。他组织人员到平云山挖取两块石料，削制石船，一条母船，一条子船。又削两条石篙。潘茂名手撑石篙，脚踏石船，顺着鉴江，直驶东山山麓停靠潘坡丹灶旁，镇住鉴江汹涌洪水，另一条石船用作摆渡，拯救洪水围困的群众。

停靠潘坡丹灶旁的石船，常年停靠旷野长满苔藓。苔藓包裹神秘的石船，形成奇特景观，称作“石船苍藓”，高州旧八景之一。丹灶紧靠石船，是潘茂名当年采药炼丹遗迹。

东晋咸和年间，潘茂名回到高州隐居观山。他每天采到中草药后，在东山山麓建造炼丹灶，将其炼成丹膏丸散。丹灶长年累月使用，形成坚硬的烧结层。在烧结层中间有盘口洞穴，这是丹灶口。为保护丹灶遗址，当地盖丹灶亭，称为“潘坡丹灶”。

3.“西山观烟”传说

东晋咸和年间，潘茂名回到家乡，喜爱西山，也就是今天的高州观山。只见葱郁青翠，隐居修炼。相传潘茂名在观山修行20多年，白天东山采药炼丹，晚上西山修道。

他在东山的潘坡建立丹灶，开灶炼丹。据说丹灶的炉底的山体与西山的金玉二井山体有渠道相通。每次在潘坡生火炼丹，炉底产生的烟气吸入山体渠道，运行过鉴江对面的西山山体，然后从西山的金玉二井内飘出来。从金井冒出的是彩色的黄烟，从玉井飘出的是白烟，这种天然景观应是一种独特地理产生的现象。

“西山观烟”传说由此而来的。

4. 孔镛笔架山偶遇

明成化元年（1465 年），高州知府孔镛撰写《潘仙坡记》，立于高凉郡东。孔镛在笔架山上修建“潘仙亭”，也叫“劝农亭”，纪念潘茂名。

相传当年他来高州赴任，半路上有位老者拦在马车前，求见知府大人，自称潘茂名。孔镛见他风采不凡，请他先返回去待后再府上相见。老者回答说：“我在笔架山相候。”孔镛感奇异，但下车相谈会延误时间，因而驰车而去。

一个月后孔镛检查农事到笔架山，忽见山上有人向他招手，仔细一看正是上次拦车觐见的潘茂名。孔镛急忙上前问候，走动跟前，老者很快不辞而别，只有一片空地。

孔镛心有所悟，在笔架山上创建潘仙亭。之后加强政务，勤于农业，促进了当地生产发展。这传说其实是历史与民意美妙的碰撞，寄托了世人对潘茂名的美好怀念。

5. 灭瘟疫救百姓

东晋咸康八年（342 年），高凉沿海地区瘟疫流行，由海边渔村开始，波及高凉地区。俚人村落人心惶惶，哀鸿遍野。

人们大面积染上瘟疫，潘茂名夜以继日地工作。

为救治瘴疠患者，弟子们抓紧炼制丹膏丸散，煮制汤药凉茶。组织俚人用葛布缝制口罩，集中治疗，施灌汤药，燃烧艾草，驱散瘟疫。

当地官府在潘茂名指挥下，救灾有序推进。人们守望相助，免费领取药物，无偿就地治疗，丹膏汤药发挥了重要作用，古老的防疫措施明显有效。潘坡，成了人们感恩戴德的地方。经过不懈努力，疫情得到有效控制，众多危重病人在潘茂名悉心救治下痊愈。被救治的百姓双膝跪地，叩谢说："救命恩人呀，您真是活神仙！"

从此，潘茂名被称为"潘仙"。

6. 寄仙桃造福故里

相传明代初期，南京城有一学子考取功名，朝廷安排他到高州府任职。

知府在家整理行囊，有一天有道士来访。来者气宇不凡，仙风道骨。知府客气接待来人，彬彬有礼。道长开口说，“贫道潘茂名，祖籍高凉，听闻知府远赴高凉任职，烦捎家书及礼物，转交高州东门潘家，不胜感激。”潘茂名将书信及礼物包好，转身离去。

知府接过潘道长信物后，挤在包裹中，千里迢迢来到高州。路途的艰辛，令知府很快病倒。到高州府署报到后，闭门谢客，约数天。京城潘道长相托之事，居然忘记了。

一天清晨，署衙内知府发现满室甜香。原来在带来的行李箱中包裹着两只芒果，已经熟透了。黄橙色，芳香扑人。知府回忆当日潘道长相托之人，赶紧与家人到东门外的潘家。

当知府来到东门外，只见荒野一片，并无潘家大院了。

却有一座“潘仙庙”。庙祝见贵客来临，恭敬招呼。知府发现，庙宇大堂的金身塑像与当日京城相托的潘道长如同一人。知府匆忙翻开书信，只空无一字。或许是冥冥之中一种人生际遇吧，知府感慨地将芒果分食众人，并将芒果核栽种在潘仙庙前的空地，后称“仙桃”。

之后仙桃遍植高州城乡大地，其中为曹江关塘村的仙桃最为著名，成为岭南佳果。

（此文参考《岭南道教先驱潘茂名》）

7. 弟子林真人传说

雨公山也称公岭，坐落于茂名高新区七迳镇。明洪武二十一年（1388 年）始建雨公庙，是岭南仁医、岭南道教先驱潘茂名的传人——林启初真人的修道场所，是历史悠久的粤西道教圣地。

雨公山历史文化源自林真人，其原名林启初，原籍电白。林真人出身寒微，生性好学。少年履步江西龙虎山拜师学道，有幸受教，精通《道德经》《清净经》《玉皇心印妙经》。他一生关心农事，为高凉地区解决灌溉问题做出重大贡献，后来被神化为能呼风唤雨的人。相传在名师高道指点下，他掌握五行遁法要则，精炼道教清微派的雷雨术、击雷法。

相传林真人念其家乡旱灾多发，民不聊生，决定一路布施返乡济世。

林真人归途收徒徐二、郑六。适逢电白旱灾，民不聊生，林真人学有求雨术，求击雷降雨，得保耕收。但因奏天疏文写错了即时与即刻，时刻一字之差，雨水迟来一个半小时（迷信说法）。林真人得知误差是即时与即刻，用他的五行遁法跳入醮坛火中。但是他的两个徒弟不知他会五行遁法，以为他被大火吞噬，必死无疑。两个徒弟觉得无脸见民众，二人拉手跳入火海，以表忠师。降雨时辰到了，林真人回到醮坛，见民众悲泪满面，得知二徒为了忠师而葬身火海，认为自己没有和徒弟说明情况，有愧徒弟，于是自弃五行之术，跳入火海以表不愧徒弟之举。

此时风雨交加，雷鸣电闪，倾盆大雨下了几个小时，江河满溢，民众欢心。林真人去世后封为真人。

后来醮坛杂物散流各地乡村，丰富了村落文化。

传说信众所戴的帽冠漂流到一条村庄，形成织帽村。醮坛的七条木流到七道后，演变为七道村。纸扎马漂到马鹿，形成马鹿村。一樽神像流到海尾北部，后建庙恭奉林真人，取名北留庙。还有一面铜锣漂到沙罗埇村，一只罗锤流到罗杈村。当地村民为感念大法师林真人，集资筹款建立雨公庙。

此庙历经沧桑，屡毁屡修。相传庙内西廊原设道德讲堂，明朝进士（陈宗英儿子，陂仔村人）在此设教，清朝乾隆年间举人冯伴（油麻坡村人）在此读书，清朝咸丰年间举人郑继佳（那楼村人）赠楹联“雨润万物恩德敷大地，公心为民烈义薄云天”。

此后粤西吴川、高州、阳春等各地信众络绎不绝，每逢天旱求雨，诚心虔虔，影响深远。

经过 600 年风云，茂名高新区公园兴建为这里注入强大的发展力量，中医文化、道教文化、南药文化、潘茂名文化等国学精华在此涅槃重生，“好心茂名”精神由此传播。

（文/廖君）

清代谭应祥《校刊潘仙灵签序》

清光绪八年（1882 年），高州府茂名县人氏拔贡、广西河池知州谭应祥编著了《潘仙全传》。在他的《潘仙灵签》前加序，说明签语缘来，可见本著作内古籍影印原文。

据古籍介绍，这些签语很可能是晋代潘茂名撰写留存于世，或后人结合潘茂名思想总结出来，最少有数百年了。签语言简意赅，字字珠玑，以宣扬积极人生观、世界观为主，符合中国人传统的价值观，劝导世人从善、坚强、豁达、节俭、智慧、勤奋、修心、和谐、扶危、平安、淡名利、重情谊、少埋怨、坚信念、不贪婪、明哲理、抓机遇、顺自然，等等。存世 101 条签语——

予少时得吕祖生生神数，有求辄应，深服其词句古奥，远出焦氏。易林上旋登观山，见毛观察吕祖殿碑记，盛称神数，前知立庙以报。遂请潘仙并祀以山，本潘仙飞升处也，仙签亦以数称，古奥与神数等。夫吕为唐代进士，而潘则西晋人也，时代较远。签语不知始于何时，或仙自撰欤，抑附乩以传欤。国朝乾隆间，邑举人潘江赋云：眼前有仙药，回首即蓬瀛。此即从仙签结句脱出。迄今又百有余年矣。神物护持，签语历久不废，殆有数存焉。亟为校正付梓，其将与吕祖神数传之无穷。

光绪九年岁次癸未元旦业存子谭应祥谨序

公元 2020 年 8 月广东茂名廖君补记

潘茂名签语 101 条最新注释

（公元 2020 年庚子年廖君释义）

说明：针对国内有关潘茂名书籍的遗漏、错误，2020 年本书作者重新校对清代古籍《潘仙全书》，核对潘仙签语全部繁体字迹，纠正以往繁简转换出现的偏差，在尊重前人成果的基础上重新解释要义。

潘仙第一数：天下太平日，将军敛甲兵。入山修道妙，返本见真神。

注释：在天下太平的日子里，世人安居乐业，将军解甲归田。隐居深山修行，积德行善，返朴归真，是人生一种高尚境界。

潘仙第二数：春雷震，夏风巽。卧龙起，猛虎惊。风雷会合，救济苍生。

注释：震，指中国传统八卦之一，代表雷；巽，八卦之一，代表风。当风雷会合，就会催醒万物的复苏，救济百姓苍生。

潘仙第三数：三尺水，深不得。一堆泥，高不得。渐渐加，徐徐及；功深力久，山成泉及。

注释：从水深、堆泥的比喻中，说明事虽小但要讲方法。凡事要循序渐进，不能光靠力气，要靠智慧。如果做到了，高山可成，甘泉可及。

潘仙第四数：六马交驰，男儿得志。前程早办，荣归有期。

注释：作为男儿应怀大志，远大的理想，放眼东南西北中，如果早奔前程，衣锦荣归即日可待了。

潘仙第五数：等闲白了头，毕竟成何济。不如趁些精神，好寻觅些真处。

注释：我们做人处事趁青春年少，学习真本领，掌握知识技能，充实自己。

潘仙第六数：分别开，虽不易。同伴行，犹濡滞。早赴前程，免着汝意。

注释：如果因私情而影响前程，就不要被对方的柔情所困惑，及早抛却私情直奔理想追求。

潘仙第七数：强欲上云梯，云梯渐渐远。一领紫罗袍，嫦娥不肯剪。

注释：如果强行登上高高的云梯，去相会嫦娥，这是不合实际的。其实办成功一件事，必须脚踏实地，量力而为。

潘仙第八数：念尽千声佛，转念坠火坑。清彻生，超凡迈常。

注释：生活中就算你祈念无数次，假如心有邪念就会误入歧途，前功尽废；人生应光明磊落，方可超越常人。

潘仙第九数：药肆放灵丹，救人万万千。到头登彼岸，渡过入仙班。

注释：仙班，指传说中的神仙队列。扶危济困，治病救人，人生最终会得到好报。

潘仙第十数：春景明，春色新，春花傍水生。春天无限致，好去走天庭。

注释：春景秀美，春色无限，春花生机勃勃，未来充满美好，要把握好会机，才能创造人生的辉煌。

潘仙十一数：隐中显，显中微，个中有玄机。参透彼岸，直上天衢。

注释：天衢，指四通八达的道路。不能只看表面，必须破解其中内在的奥秘，我们才能得心应手，在世间纵横。

潘仙十二数：无上德，在前头。回头一悟，绳缰好收。千条万线，路在前头。

注释：如果没有优秀的思想品行，前程是难以预料的。自知不足，方可减少盲目行为。如果把握机遇，选准发展方向，则会前途无量。

潘仙十三数：三日不知饥，七日不知饱。寒暑任推移，愿食长生老。

注释：如果对事物的探索达到痴迷程度，不顾饥寒饱暖，也不知春夏秋冬，追求长生不老。这条签语记述的可能是晋代潘茂名习静后山的内容。

潘仙十四数：一个猪，可祭天地。虽身丧，亦得好处。

注释：猪用于祭祀天地，虽然失去生命，也给世人好处。舍身而求得大众的安康，可以说是壮举了。

潘仙十五数：黄牛辟土，大力开疆。西成时候，谷粟盈仓。

注释：通过开拓田地，辛苦劳作，到了秋天收获，谷粮满仓，得到丰厚了回报，这是开拓者的价值。

潘仙十六数：人谤言，勿计论；到头来，数已定。碌碌浮生，不如安分。

注释：做人不要计较别人对自己的评论，与其碌碌无为地混日子，不如脚踏实地干实事。

潘仙十七数：香闺寂寞，惹起一番情思。停针三复标梅，却喜佳期在目。

注释：在喜庆的日子即将到来，深闺女子却要静坐房中，怎能不产生思念之情呢？

潘仙十八数：程途原自稳，捷径甚可期。得人来指点，平地上天梯。

注释：人生的前途原是稳步前行的，如果再得到名师指点，就会有便捷的道路，如上天梯一样，人生飞跃。

潘仙十九数：人若沉沦，何不猛省。念头转来，修行为本。

注释：人生不要因挫折而意志消沉，只要积极反省自己，转变信念，立定根本，必然会成功。

潘仙二十数：捕兔于渊，求鱼于山。从朝至暮，功损力损。改弦易辙，庶可免焉。

注释：兔子是生长在山野，鱼是生活在深水中。如果到深水中捕兔，到山上去捉鱼，必然是徒劳无功的。凡事都需要遵循其规律，否则一事无成。

潘仙廿一数：一牛埋首，茫茫自走。宁戚角歌，田单尾灸。

注释：做人不能像牛一样低头默默走路，应抬头看路，认清方向，才能勇往直前。

潘仙廿二数：手持一木鱼，沿家去化米。不见斋公至，却遇一丐子。

注释：和尚敲着木鱼到各家各户去求助米粮，不见到施舍斋米的善长仁翁，却遇到一个乞丐。这昭示着做人应行善积德。

潘仙廿三数：心要细，胆要粗。勇往前去，功成立睹。

注释：做任何事都要胆大心细，勇敢地向前走，功名就在眼前。这是一种处世的哲理，信念前行。

潘仙廿四数：若是有缘人，一指便回首。执迷不悟者，屡引也不走。

注释：如果是注定有缘分的人，经过指引就会醒悟。但是固执的人，无论多次引导他都走不出谜局的，这是一种思想决定命运。

潘仙廿五数：徐步入天台，为见好消息。采药有仙童，洞府藏真色。

注释：在神仙居住的洞府，可见到仙童在采药。凡是要想了解真实情景，不能只看表面，进入核心才能露出真容。

潘仙廿六数：深入青山，自建茅庵。万事不管，立鼎造坛。

注释：在深山营造一间简陋的房屋，不过问世事，只是专心做好坛以制作仙丹就可以了。这条签语描述了潘茂名当年隐居观山，立鼎炼丹的情景。

潘仙廿七数：洪水平川，顺舟行速。逆水遇风，势如破竹。

注释：如果洪水上伐舟，顺水而行是速度很快。逆水而行时遇到大风，形势就像破竹一样。这条签语记述潘茂名当年率众抗洪救人的画面。

潘仙廿八数：金鸡报道，报道五更。颠倒衣裳，朝门未晓。

注释：五更天，指现代凌晨四时四十八分左右。匆匆出门，天还未亮，把衣裳也穿倒了。这条签语记述潘茂名采药炼丹的忙碌情景。

潘仙廿九数：一个知音，却在天边等，勿得迟延，静夜要思忖。

注释：记述了潘茂名经常在夜深人静时思念知己良朋，充满浪漫主义色彩，这是他当年生活侧面写照。

潘仙三十数：鼠伏穴，得自宁。一露首，猫即跟。伸威扬爪，鼠丧残生。

注释：老鼠在洞里可以过着安宁的生活，但若出洞口就会被猫追杀，最后丧命。这里警示世人必须掌握瞬间机会，惩治罪恶行为。

潘仙卅一数：有田有亩，尽可躬耕；无穷收获，都在西成。

注释：人有田地，只有努力耕种，就会有丰富的收获。这里说明道教的因果理论。

潘仙卅二数：近夜里，勿往前。有一阻，要着慌。牢牢记，须结党。

注释：人在深夜不要随便走动，遇到困难，要冷静处置。记得依靠亲朋团队力量，他们关键时给你援助。

潘仙卅三数：青龙已出世，头角生成；云兴施雨泽，救济苍生。

注释：青龙，中国传说兴云降雨的动物。小青龙头上长出了角，长成大龙了，可以发挥自己的本能，营造乌云来降雨，滋润万物，救济苍生。这条签语有迷信的成分，但在晋代高凉地区，这种愚昧认知是正常的，也寄托世人对美好生活的向往。

潘仙卅四数：禄马动，怎留停。快着加鞭，勿误前程。

注释：怎样可以让使用国家薪酬的马停留呢？快马还需加

鞭，不可以耽误前程。说明为国做事，就得勇往直前。

潘仙卅五数：非虎非熊，非蛇非龙。上天不得，下地不容。

注释：指生得不像老虎也不像熊，不像蛇也不像龙，指不是世间正道的事，所以天地不容。

潘仙卅六数：夏火燥烈，冬水汪洋。交济其美，焕乎文章。

注释：夏天天气如火烧的燥热，冬天水色苍茫，两种天气表现出来的情状交融相错，都可以写成美文了。这里说明自然界有其自身表现形式，深入认识才能感受到个中的韵味。

潘仙卅七数：由故辙，非良谋；索长策，猛回头；旧图新，更集庆。

注释：如果重复走旧路并不是良好计谋。寻找长远的策略，应回头审视，弃旧图新才能有新的发展。

潘仙卅八数：太白西现，候他成恩。功助就绪，荫子荣孙。

注释：太白，相传天空出现的吉祥之星。如果功成名就，连子孙也能受到他的恩泽。

潘仙卅九数：金入明炉，锻炼成器。平地一声，惊天动地。

注释：金属在炉中锻烧时，产生反应剧烈，突然发出一个惊天动地的响声，表示产品炼制成功。这里记述了潘茂名当年炼丹时丹鼎炉化学反应的状况。

潘仙四十数：阳春地，木长生。水流源清，天下太平。

注释：春天来了，阳光明媚，万物峥嵘，山清水秀，源流清澈，预示和谐盛世的来临。

潘仙四十一数：世人多驰逐，驰逐有荣辱。荣者匆匆，辱者碌碌。

注释：世人有不同向往与追求，有人心怀大志，朝着崇高理想就能不断进步；有人心无大志，得过且过，无所作为。

潘仙四十二数：天门曾挂榜，预定夺标人。马嘶芳草地，秋高听鹿鸣。

注释：朝中挂榜，考取功名，或许冥冥中注定似的。报喜的快马在草地中嘶叫，秋高气爽的树林，倾听美妙的鹿鸣，这是祥和的景象。

潘仙四十三数：火下降，水上升；子午候，要调停；金丹饱满，霞举云升。

注释：通过水火的观察，慢慢调理，成功就在前头。这是针对当年潘茂名炼丹反应场景的说明。

潘仙四十四数：勿怨久不发，发达自有期；西北转角处，扬眉吐气时。

注释：不要埋怨长期不发达，找到好的人生目标并且不断努力，就会有成功的希望。或许成功光芒就在西北转角的地方，世事就如此奇妙。

潘仙四十五数：耕牛伏轭，辟土开疆；坐看收获，黍稷稻粱。

注释：轭，本意是驾车时套在牲口脖子上的曲木，引申义是束缚，控制。这里指有付出就会有回报，一分耕耘就会有一分收获。

潘仙四十六数：人生世，在大川。心要主宰，务要心坚。心若坚，石也穿。世人呆了，何不争先。

注释：人生要树立远大志向，如巨大江河，做事要有主张。决心坚定，滴水石穿。

潘仙四十七数：万花荣不久，松柏独长青：造物分已定，浮生何认真。

注释：万紫千红虽然灿烂荣光，但不会绽放长久；苍松翠柏独立，却能常年青绿。命运原有所注定，人生何须太认真。其实命运是掌握在自己手中，通过努力可以改变命运。

潘仙四十八数：数已定，勿劳心。视履处，百祥生。无意得者，受享自丰。

注释：由于各种因素影响，人的命运是有一定限数的，不必过于计较身心受累。淡泊名利得失，知足者其乐无穷。

潘仙四十九数：驾扁舟，遭风玩。把航不坚牢，休想登彼岸。

注释：驾着小船在江河行驶，容易受到风浪的袭击。如果把握不住航向，不能顺利地到达对岸。人生何尝不是这样的道理呢。

潘仙五十数：铁树开花，能有几家；不如安分，莫要愿赊。

注释：铁树开花是一种自然罕见现象，没有多少人有机会遇到。对可遇而不可求的事物，要安分守己，不要非分之想。

潘仙五十一数：浮生怎结果，枝干枉然青。根枯叶焦后，犹幸有螟蛉。

注释：螟蛉是一种绿色小虫，出自《诗经・小雅・小宛》“螟蛉有子，蜾蠃负之”。引申为抱养的义子。这里指人生碌碌无为，一事无成，只有靠义子传承。

潘仙五十二数：日来有得意，发迹在今朝。若遇龙虎客，决然显英豪。

注释：生活在和平日子兴旺发达，这是正常的。若遇到险恶世态，能排除阻力，渡过难关，才是真正的英雄本色。

潘仙五十三数：勿嫌命途舛，时来风送临；西北明有路，此地遇知音。

注释：舛，指差错、不顺遂。我们不要埋怨命运路途的不如意不顺利，勇往直前总会遇到知己的人，迎来成功机会。

潘仙五十四数：一树花开，风雨骤来；止留根蒂，花落尘埃。

注释：鲜花绽放的树木，挡不住狂风骤雨。深扎在泥土的树根，风雨中才岿然不动，再艳丽的花朵最终变为尘土。

潘仙五十五数：念头要把定，不可持两情；若还多犹豫，万事总不成。

注释：凡事要坚定理想信念，不能三心二意。遇事犹豫不决的，最后总办不成大事。

潘仙五十六数：丈夫立天地，何苦恋家乡；边塞扬威武，名芳姓亦香。

注释：作为好男儿要创功立业，不必迷恋家乡。即使守土边疆，杀敌沙场，保家卫国，也能使自己芳名流传。

潘仙五十七数：后有坐山，前有明堂；青龙白虎，两两相当。一穴偏右，火觜猴乡。

注释：青龙、白虎分别为古代神话的东方之神和西方之神，源于古代中国人民的星神崇拜。这里指穴地左右的山丘，是对所在墓地的描述，“火嘴猴乡”是该墓的称法。

潘仙五十八数：鱼从江湖，何为在釜；只因吞饵，所以受苦。

注释：釜，一种器物，圆底而无足，必须安置在炉灶之上或是以其他物体支撑煮物。饵，钓鱼用的鱼食。这里指鱼之所以在釜中煎煮，是因为因贪食钓饵的原因。世间凡是贪图小利者，往往会葬送自己。

潘仙五十九数：道理何如大理，已心要譬人心，从此修为向善，子孙兰桂森森。

注释：譬，释义为比喻。人生做事都要讲求道理，将心比心，修行向善，子孙代代都会得到感恩回报。

潘仙六十数：手提三尺剑，要斩贼臣头；跨下乌骓马，腾空上北邱。

注释：乌骓马，出自《西汉演义》项羽的坐骑，此马在项羽时期号称天下第一骏马。邱，同丘，自然形成的小土山。北邱，泛指北方战场。这里指骑马杀敌，英姿飒爽，保家卫国。

潘仙六十一数：人在天涯外，那得鸿雁来；家人频望眼，青草放浓怀。

注释：鸿雁，一种冬候鸟，也叫大雁。比喻书信往来。远在天涯的亲人，全靠书信沟通。亲人们望穿秋水，亲情浓烈如同一望无际的草原。

潘仙六十二数：木向阳春地，秋时又复根；樵子不知道，砍去作柴薪。

注释：樵子，指打柴的人。春天来了，树木刚刚开始复苏又被打柴的人砍用了。刀下要留情，不要误伤新生命。表达了古人保护自然生态的理念。

潘仙六十三数：生宿是妖星，猿猴及树精。若人遇此曜，迷了性和心。

注释：生宿，传说一种星。曜，指照耀。如果人被妖怪所迷惑，就如妖怪一样失去人性。警示世人要善于辨别，莫为妖言美色所迷，否则将失去善良的本性。

潘仙六十四数：亢龙有悔，勿动勿兴。提防不密，横祸时临。

注释：亢，指高傲。面对高傲凶狂的猛龙突然有悔意，静伏不动，是何原因？我们必须提防，否则随时可能大祸临头。这里提示人们提高警惕，不要被眼前的伪装所迷惑。

潘仙六十五数：原有门路走，何必苦悲嗟。在家固为美，出路岂为赊。

注释：悲嗟，指伤心叹息。赊，买卖货品时延期收款或付款。这里指远。待在家固然和美，但出路千百条，何须闭门自叹呢？

潘仙六十六数：两个子女，同到齐行。阴阳和合，万物化成。

注释：阴指女性，阳指男性。和合而成的夫妻，家庭和睦，百业兴旺，任何事都可以解决。

潘仙六十七数：梦里被鼠惊，醒来不见人。终夜废寝，直到天明。

注释：深夜在梦中因老鼠而惊醒，这一夜无法安睡了，直到天亮了。这可能是当年潘茂名日常生活见闻。指梦里的东西，其实不必认真过虑。

潘仙六十八数：奔波一世，总是虚浮。无常一到，万事都休，及早回头。

注释：人生劳碌奔波一世，有时总觉得在虚度年华。尝试回过头来，脚踏实地，重新开始。

潘仙六十九数：来有日，往有时，何事慢踌躇；飘然一往，心上无疑。

注释：踌躇，指犹豫，拿不定主意。遇事不要犹豫不决，决心已定，就不要迟疑了。

潘仙七十数：济世有奇诀，救人须用心。三天曾纪录，四海尽知名。

注释：救人济世的奇妙之处，在于用心去做。只要做到了这点，就能天下扬名。2019 年 11 月，作者与专家朋友在反复研读清代《潘仙全书》，发现这一句潘仙签语。2020 年在 6 月在纪录片《潘茂名》剧本研讨会期间，与会专家学者集中研究探讨，最后统一确认“好心茂名”精神最初来源潘茂名，“济世有奇诀，救人须用心”是充分的历史文献依据。与后来冼夫人提出的“我事三代主，唯用一好心”，共同发展形成“好心茂名”精神。

潘仙七十一数：一人住，二人行，前山有知音。可向仙山，勿误前程。

注释：做事不要被面前的孤独影响，认准目标就应勇往直前，光明希望就在前方。

潘仙七十二数：凶方宜避，吉方宜趋；看属何途，达者认取。

注释：在生活中世事难料，决策前必须识别凶吉方能取胜。

潘仙七十三数：走遍羊肠路，尘埃滚滚来；染手更濡足，南北好安排。

注释：染手，指从中获利；濡足，沾湿了脚。人生之路崎岖不平，前路迷茫，若能从中协调平衡利益，则四通八达，左右逢源。

潘仙七十四数：鼎中滋味，最不寻常；调羹在内，手段高强注释：鼎，古代煮东西用的器物，圆形，三足两耳，也有方形四足；羹，用蒸、煮等方法烹制的糊状或带浓汁的食品。要想熬制高品位的美味，必须有高强的手段才能调理。通过当年潘茂名调制丹膏说明生活哲理。

潘仙七十五数：六爻卦已定，生生不绝群；支干皆相似，机缘大遇。

注释：爻卦，指卦爻，是《易经》的基本因素。支干，指地支天干。古代以支干相配纪日，后亦用以纪年月。这里指人生运势枝繁叶茂，不断向前发展，总有机遇的。

潘仙七十六数：金牛驾车最难量，稳步康庄勿用忙；徐徐缓缓登途去，万里前程任翱翔。

注释：翱翔，指在空中回旋地飞。这时指人生的万里前程是要稳步前进，不急不慢，方可成就大事。

潘仙七十七数：此去万里程，却遇一知音；同心共济，大立勋名。

注释：在万里途中遇到知音，他们互相支持，共同成就事业。这里是当年潘茂名游学生涯的写照。

潘仙七十八数：念五事，布九宫，按八方，列九星。一通符咒贼胆惊。

注释："五事、九宫、八方、九星"是道教术语；"符咒"是符箓与咒语的合称，分开可称为"符术"与"咒术"。有一定迷信色彩，这里不作具体解说。但有积极含义，指世人做好防范措施，盗贼就不敢入侵。

潘仙七十九数：去到长安，东北转角；逢着天门，便有下落。

注释：长安，指晋代长安城；天门，指皇宫大门。如果能亲自来到长安城，向皇上禀奏要事，定能得到满意结果。

潘仙八十数：一念上天堂，一念下地狱；天堂地狱，便分荣辱。可见念头要真，不可惰忽。

注释：天堂，比喻美好的生活环境；地狱，比喻黑暗而悲惨的生活环境。人生不同信念指导不同行为，其结果也不一样。不要因为一时贪念，自毁前程。

潘仙八十一数：直直直，天方识；真真真，神尽灵。归宗返本，定是元精。

注释：天方，出自《明史·西域传四·天方》，古代称中东阿拉伯人建立的国家，这里指关于神仙的地方；元精，出自《论衡·超奇》，指天地的精气、人体的精气，也指原始的状态。指做人要摒除杂念，返朴归真，才能进入超我自然境界。

潘仙八十二数：走尽天涯，风霜历遍；不如问入三天，渐渐有个云闲。

注释：指人生奔波劳碌，历经风雨，总有不如意的地方。不如找个安静地方发呆几天，做一回野鹤闲云，可能会领悟人生的真谛。

潘仙八十三数：车马骤临，旌旗影影，各自分明。招安讨叛，永久前程。

注释：只见各路大军已经兵临城下，旗帜飞扬。与政府对抗是没有出路的，只有归顺朝廷才有长治久安的前景。

潘仙八十四数：福星照，吉星临。青天白日见天真，龙飞千载幸明廷。

注释：龙是中国等东亚国家古代传说神异生物，常用来象征祥瑞。指福星高照是吉祥来临景象，大白天人们举头望见真龙，显示开明时代到来。这种虚幻的想象，寄托了世人对和谐社会的愿望。

潘仙八十五数：好藏身处好藏身，若不潜藏有祸临。六丁神将，来护你们。

注释：六丁，道教神名，出自《后汉书·梁节王畅传》：“从官卞忌自言能使六丁。”道教认为六丁为阴神，为天帝所役使。在晋代人们迷信意识严重，在困惑无助时通过求助神灵保护，获取精神上的安慰。

潘仙八十六数：自身不修炼，在世却枉然。轮回不免，恐落迷关。

注释：轮回，这个概念存在佛教、道教、印度教、婆罗门教之中。轮回，又称生死轮回。这里指做人如果不注意修炼，将来必然会受苦受难。这是迷信的观念，现代科学证明自然生命只有一次。

潘仙八十七数：心月狐精，迷惑世人；世人不察，迷久倾身。

注释：中国民间传说狐狸能修炼成仙，化为人形与人来往，称为狐精。这是世人一种虚构之物。清代梁绍壬《两般秋雨盦随笔·狐仙能画》：“北地多狐仙，人家往往有之。”指生活中要善于识破假装善良的狐狸妖精，认清危险，不要让表象迷惑，小心背后致命因素，否则会失去生命。

潘仙八十八数：危地得安，安不忘危。丈夫男子，不可依回。

注释：立世处事，我们应在危险中求生存，在安全中不忘危险。正所谓居安思危，以不变应万变，勇敢面对凶险，这才是男子汉大丈夫的作为。

潘仙八十九数：龙子早生鳞甲，行将奋迹天池；平地一声雷响，摇头摆尾舒眉。

注释：这条签语以龙这种传说吉祥物来比喻，做人如果能大器早成，威震四野，将会纵横于天地之间，创立丰功伟绩。

潘仙九十数：未展英雄志，驰驱不惮劳；闲关归何处，西北示前程。

注释：为实现人生远大理想，我们应不畏惧辛劳，百折不挠，努力奋斗。幸福的前程在西北的方向。这里显示当年潘茂名起行求道的情景。

潘仙九十一数：金鸡一开口，三唱催人走；唤醒世间人，欲睡不长久。

注释：三唱，这里指三更天。金鸡报晓时分，黎明将到来了，世人要珍惜时光，投入新一天的学习与工作。

潘仙九十二数：万花开，春色新，为报长安好消息。真机会，不可失。

注释：春天来了，万物复苏，百花争荣，这是繁荣盛世的景象，应把好消息及时报告长安朝廷。这条签语反映了潘茂名与东晋朝廷关系密切，感情深厚。

潘仙九十三数：莫谓花发晚，春来发自高；轻风来动荡，飘闻十里香。

注释：我们不要评说百花开得迟了，因其高雅正等待春天的降临。在轻风的吹拂下，花香飘送十里可闻。比喻后来者不要灰心，做事只要努力，发奋图强，前途无量。

潘仙九十四数：白日休闲，青春难得；失今不为，何时可待。

注释：每天无所事事，经常在虚度青春。现在如果不努力，不要等待到什么时候才努力呢？提醒世人珍惜时光，不要虚度美好年华。

潘仙九十五数：勿自在，勿自在，匆匆混世界；名利一关心，露出百千态。

注释：假如人在世上只为追逐名利生存，必然苟且偷生，丑态百出。人们要正确认识世界，淡泊名利才是正确选择。

潘仙九十六数：猛虎啸山林，神龙归大海；风云际会时，头摇并尾摆。

注释：这里用龙虎比喻世间风云，假如两股强大的力量会合，则可傲视群雄。这条签语用于现代发展理念，也指团队强强联手，会产生“1+1>2”的巨大能量。

潘仙九十七数：只言休息好，怎似出首高；天家门有数，数定岂相饶。

注释：人们生活自由自在，各自精彩，比不上出人头地好，也不必攀比谁家富饶，这两者不可相比的。昭示世人知足常乐，淡然处世，活出各自精彩。

潘仙九十八数：狡兔离穴，走狗追行；随人发纵，兔死狗烹。

注释：兔死狗烹，出自《史记·越王勾践世家》。指兔子死了，猎狗就被人烹食，比喻人事成后被抛弃或杀掉。这里指狗原想咬兔，不料背后有猎人，结果狗兔一同被猎杀。警示人们提防来自背后的危险。

潘仙九十九数：扳桂客，心要坚；有云梯，在月边。亭亭直上，才子争先。

注释：扳，同“攀”，指攀登。比喻要登上云梯，攀上月桂，只有毅力者才拥有成功希望。

潘仙一百数：水云人，多潇洒；炼丹成，超苦海。一入仙班，千年万载。

注释：水云人，指跋山涉水之人。通过潘茂名事迹来说明，跋山涉水，寻药炼丹功成名就了，还要越过苦海，能进入仙人的行列，历史功绩才能入史册留传。

一百零一数：来意不诚，亵渎神明。香罚五百，油罚一埕。即刻送到，利就名成。男固遂意，女亦称情。眼前仙路，举步即蓬瀛。

注释：据清代谭应祥记述，此诀不属潘茂名的签语，是后世的信徒们为敬奉潘茂名神像加作的诀语。警告世人要诚心求神，不然就要被罚。不过罚后，也可随心所愿意，利就名成。

关于潘茂名的古籍文献记载

1. 唐代《北户录》

约咸通十二年（871 年）唐懿宗时期，段公路从茂名回到广州，其先仕南粤，后官万年县尉，亲自南游五岭间采撷民间风土、习俗、歌谣等创作《北户录》，这是一部唐代岭南汉族风土录，可能是目前存世最早关于潘茂名的记录。

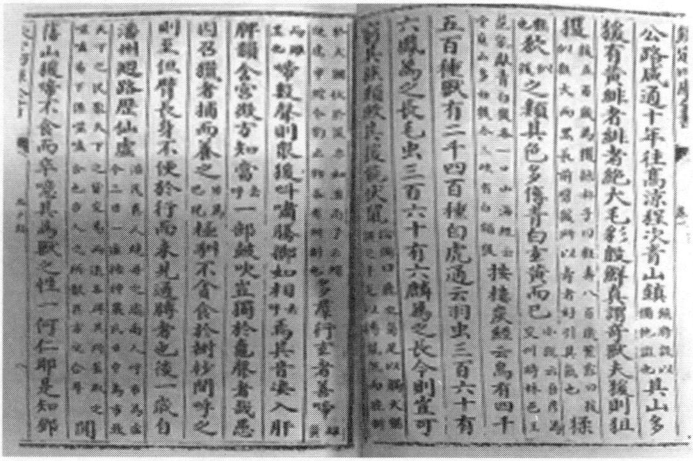

《钦定四库全书史部》之《北户录卷一至三》记载，“公路咸通十年，往高凉，程次青山镇……后一岁自潘州廻，路历仙虚。”唐末崔龟注释：“潘茂真人烧丹之处，南人呼市为虚，今三日一虚，按神农氏日中为市，致天下之民聚天下之货交易……”所谓“虚”（墟）指岭南集市的称谓。潘州的仙虚因潘茂真人烧丹得名，“潘茂真人”是指潘茂名。

2. **唐代《岭表录异》**

可能最早将潘茂与潘州得名联系是唐代的《岭表录异》，作者为唐昭宗时期广州司马刘恂。今通行版本为鲁迅校勘，“潘州，昔有方士潘茂于此升仙，遂以名郡。”

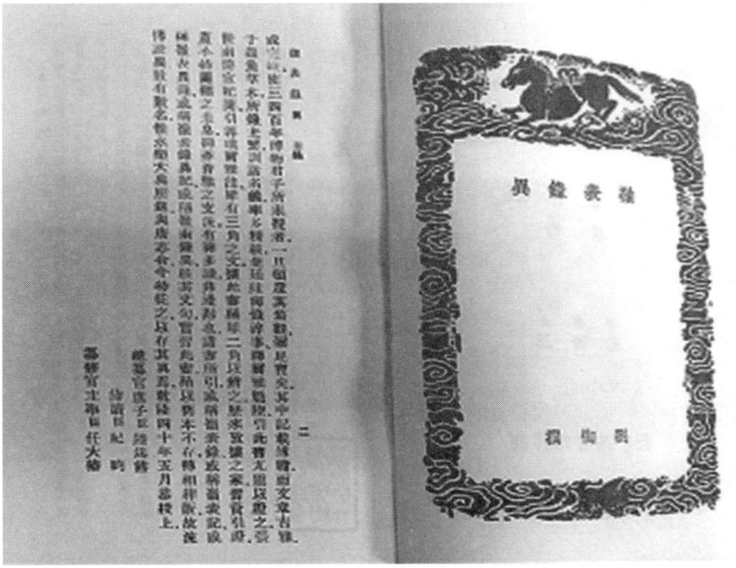

3. 北宋《太平寰宇记》

宋代全国地理总志《太平寰宇记》由陵州知州乐史撰写。

《太平寰宇记》记载，“……唐武德四年平岭表，于县置南宕州，后改为潘州，仍改县为茂名，以道士潘茂姓名为县名也……”明确说明，茂名县命名来自潘茂名。

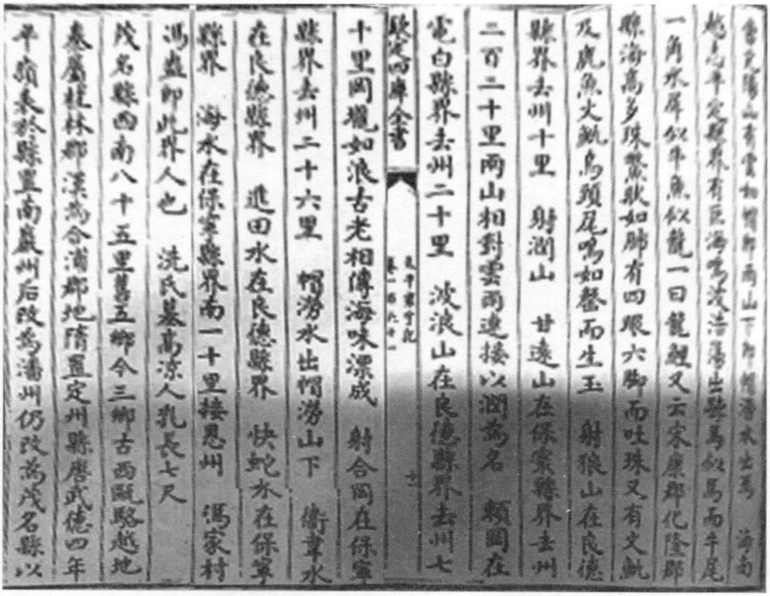

雷史浦山有雲如帽即雨山下有潮潘水出焉　海南
龍馬平定縣界有巨海潮波浩瀚出龍馬似馬而牛尾
一角水犀似牛魚似龍一曰龍鯉又云宋康郡化隆郡
縣海高多珠鱉狀如肺有四眼六脚而吐珠又有文魷
及鹿魚文魷鳥頭尾鳴如磬而生玉　射狼山在良德
縣界去州十里　射潮山　甘逸山在保寧縣界去州
二百二十里兩山相對雲雨連接以潮為名　頻岡在
電白縣界去州二十里　波浪山在良德縣界去州七
欽定四庫全書　太平寰宇記　卷一百六十一
十里岡巒如浪古老相傳海味漂成　射合岡在保寧
縣界去州二十六里　帽湧水出帽湧山下　衛章水
在良德縣界　進田水在良德縣界　快蛇水在保寧
縣界　海水在保寧縣界南一十里接恩州　馮家村
湯盎即此界人也　冼氏墓高涼人乳長七尺
茂名縣西南八十五里舊五鄉今三鄉古西甌駱越地
秦屬桂林郡漢為合浦郡地隋置定州縣唐武德四年
平蕭夷於縣置南宕州后改為潘州仍改為茂名縣以

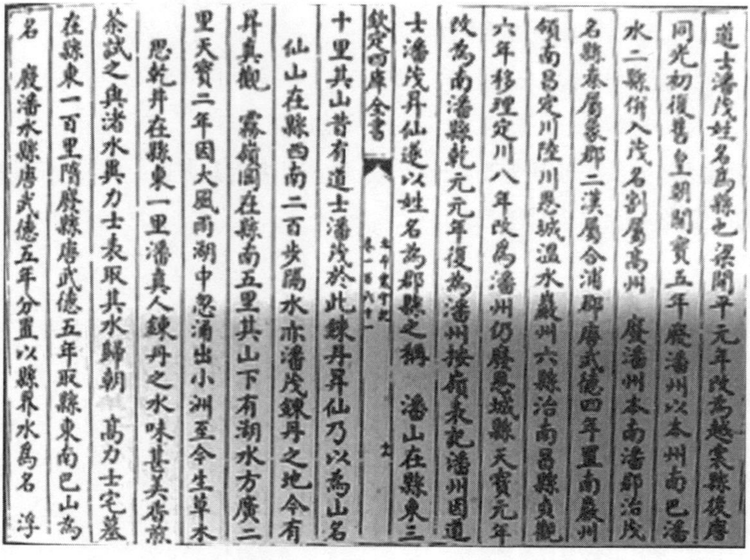

道士潘茂姓名為縣也梁開平元年改為越裳縣後唐
同光初復舊皇朝開寶五年廢潘州以本州南巴潘
水二縣併入茂名割屬高州　廢潘州本南潘郡治茂
名縣秦屬象郡二漢屬合浦郡唐武德四年置南巖州
領南昌定川陸川思城溫水巖州六縣治南昌縣貞觀
六年移理定川八年改為潘州仍廢思城縣天寶元年
改為南潘縣乾元元年復為潘州接嶺表記潘州因道
士潘茂昇仙遂以姓名為郡縣之稱　潘山在縣東三
欽定四庫全書　太平寰宇記　卷一百六十一
十里其山昔有道士潘茂於此鍊丹昇仙乃以為山名
仙山在縣西南二百步陽水亦潘茂鍊丹之地今有
昇真觀　霧嶺岡在縣南五里其山下有潮水方廣二
里天寶二年因大風雨潮中忽涌出小洲至今生草木
思乾井在縣東一里潘真人鍊丹之水味甚美香煎
茶試之與諸水異　力士表取其水歸朝　高力士宅墓
在縣東一百里隋廢縣唐武德五年取縣東南巴山為
名　廢潘水縣唐武德五年分置以縣界水為名　浮

《太平寰宇记》记载，“思乾井在县东一里，潘真人炼丹之水，味甚美香，煎茶试之，与诸水异。力士表取其水归朝。”

4. 北宋《太平御览》

宋代著名类书《太平御览》有关于潘茂名的记录。《太平御览》（北宋李昉、李穆、徐铉等编纂）卷 172《州郡部十八·岭南道·潘州》记载：“《岭表记》曰：潘州，昔有方士潘茂于此升仙，遂以名。”

5. 南宋《舆地纪胜》

《舆地纪胜》是南宋中期的一部地理总志，王象之编纂，成书于南宋嘉定、宝庆间，200 卷。

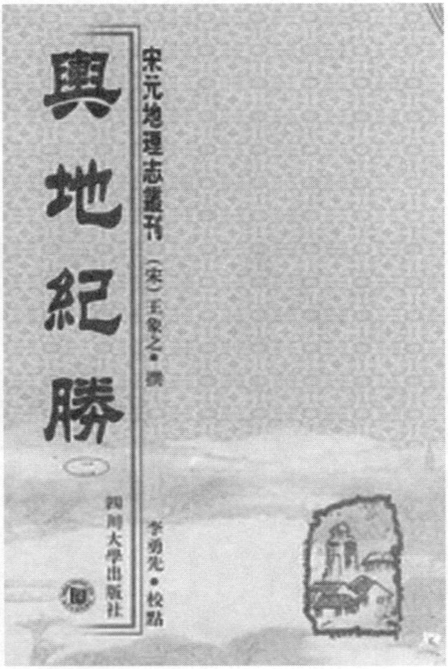

记载茂名县得名——

茂名县：在州西南十五里。《图经》云：县本西瓯、骆越地，秦属桂林郡，汉属合浦郡。晋道士潘茂古于东山采药炼丹，于西山升仙，镇南大将军冯游请于二山间筑城，遂以道士姓名建潘州、茂名县（《图经》是隋唐时期方志类书）。

晋永嘉偶遇道士弈棋情节在《舆地纪胜》已出现。

6. 明嘉靖《广东通志》

明嘉靖年间《广东通志》，是明代郭裴创作的记载广东地方的通志。其中记载，茂岭“世传潘茂炼丹其上，故名”。《大明一统名胜志》、明万历《广东通志》以及《郡县释名》皆沿其说。

7. 明嘉靖《广东通志》初稿 40 卷 1-3

8. 明万历《事言要言》32 卷地集

9.《高州府志》

明万历年间《高州府志》记载，“晋永嘉中，有潘茂者入山，遇道士弈棋……因语之曰：子顶骨贯生命门，轮齐日月，脑血未减，心影不偏，修炼则可轻举。授以黄精不死之方，遂于东山炼丹而上升……”

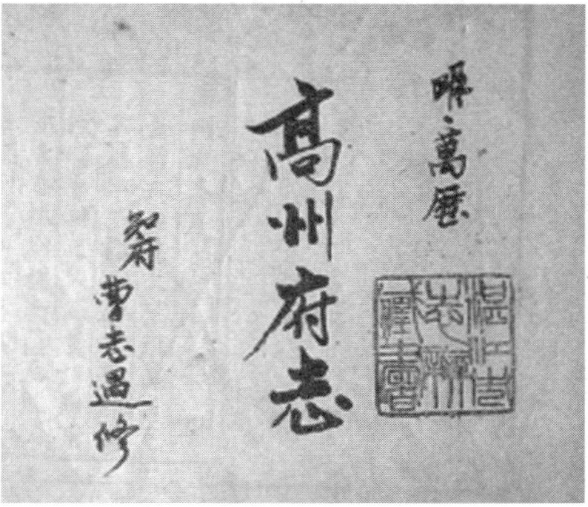

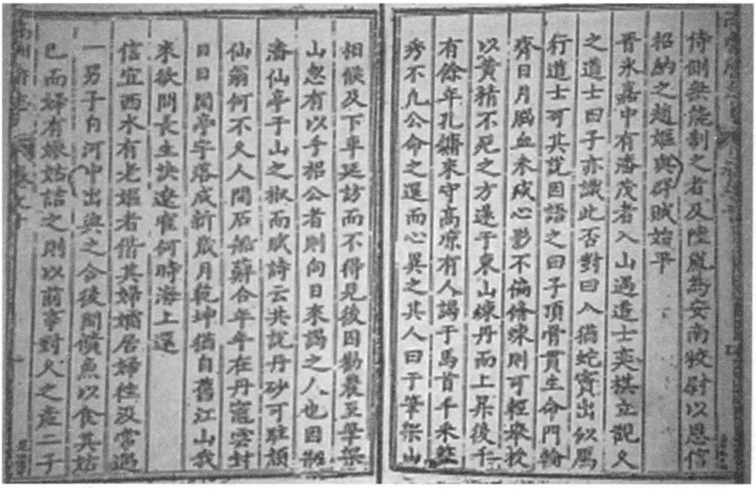
侍側無能制之者及陸胤為安南校尉以恩信
招納之趙嫗與呼賊始平
晋永嘉中有潘茂者入山遇道士奕棋立視久
之道士曰子亦識此否對曰入猶蛇貫出似鳥
行道士可其說因語之曰子頂骨貫生命門輪
齊日月腦血未减心影不偏修煉則可輕舉授
以黄精不死之方遂于東山煉丹而上昇後千
有餘年孔鏞來守高凉有人謁于馬首千乘弦
秀不凡公命之還而心異之其人曰予筆架山
相候及下車奚訪而不得見後因勸農至筆架
山忽有以手招公者則向日來謁之人也因謝
潘仙亭于山之椒而賦詩云共說丹砂可駐顔
仙翁何不久人間石船蘚合年年在丹竈雲封
日日閑亭宇落成新歲月乾坤猶自舊江山我
來欲問長生訣逆覺何時海上還
信宜西水有老嫗者偕其婦媳居婦姓汲常過
一男子自河中出與之合後聞蠙魚以食其姑
已而婦有娠姑詰之則以前事對久之産二子

10. 明万历《高州府志》10卷1-3

載於條籙中故名其坡曰潘仙坡予嘗曰凡物
之藏於前者必有以顯於後今所謂顯者非予
而誰歟迺令僕從執畚用剷刈薙草伐去惡竹
烈火而焚之美竹立石船出丹竈露登其巔以
望則茂嶺之高晴嵐之浮鑑江之泚鳥鳴泉灌
舉熙然呈奇貢技以助茲坡之勝遂葺草為
亭坐其中以觀以聽則蒼然之色與目謀泠然
之聲與耳謀迥遠虛明與心謀悠然鎮靜與神
謀不一日之間而得異境知此非茲坡失於前

代乙未冬十月告成於次歲春三月也鄉尉之
餘暇人由進士太僕丞任今官學有師法故為
政知所先務云　孔鏞撰
潘仙坡記　高涼郡城東出迎陽門外百步有
方塘內樹瑞蓮百餘本長月齊香發郡塘之東
又百步許有坡竹樹叢塞其勢躍出若進奔之
狀堅隱伏若蟄龍之居洞坡之小不能十畝其
勝狀可以寵而有之問其主鄉人曰晉永嘉中
邑人潘茂名學仙煉丹於此尚存石船丹竈今

而遺於今乎豈使蔽披之靡狀潘仙之遺跡致
之於吳越之間則騷人墨客行樂貴游舉壺觴
獲諷詠品題焉得為棄地廢於荒榛而已哉豈
非地因人顯亦自有其時歟故書此以紀孔鐫
碑
平蠻遺蹟記　成化改元之二年廣東西峒蠻
竊發攻劫州縣殺戮生民民失其業土壘其巢
廣之屬郡高雷及廉數千里幾不聞雞犬聲書
聞　當宁命將往討爵命李　拔其文武才者

11. 清康熙《茂名县志》

清康熙年间的《茂名县志》卷之三记载：“仙释。潘茂名者晋永嘉中，入山遇道士弈棋。立观久之。道士曰：子亦识此否……”

12. 清乾隆《高州府志》

清乾隆年间的《高州府志》记载，“世传潘仙炼丹仙坡，烟从井出，故名。”

13. 清道光《广东通志》334 卷 1-10

州爲僑宜入高州　茂名圖經縣本屬百粵
越地秦屬桂林郡漢屬合浦郡晉道士潘茂名
於東山採藥煉丹於西山昇仙鎮南大將軍馮
游詩於二山間築城遂以道士姓名建潘州茂
名縣梁隋平中改爲越裳縣後廢同光初復舊
開寶五年廢州及南巴潘水二縣屬高州景德
元年置寶州熙寧四年寶州廢縣來屬
雷州 下　海康郡軍事元和志古越地也秦平百越
置三郡此屬象郡梁武帝分合浦郡立合州大業
二年廢合州以海康縣屬合浦郡隋亂陷賊武德
四年置南合州改海康曰徐聞又改名雷州置遂

廣東通志卷一百九
山川略十
高州府山
茂名縣
廟岡山在縣東六十步偽立廣利王行宮於此縣志
仙山城西南二百步隔水潘茂名昇仙處刊定上
有昇仙觀舊名又名昇真山一名觀山山頂有二
井曰金井玉井前有石穿出江干爲石角
水窟龍潭志
東山城東一里一名潘山峯巒環拱郡治爲

浮主山（大清一統志）山前有潘仙坡亦道士潘茂名
煉丹之所（輿地紀勝）中有石船丹竈（舊志）
潘峯潘山距東山三十里自是兩山東山
又名潘山乃一山而兩名耳廣東通志有
潘山而無東山府縣志有東山而無潘山
仍誤
南宮崗城南一里（舊志）為縣南水口砥柱（大清一統志）
[illegible]
茂頓在城南二里以茂名而名下臨大潮（輿地紀勝）
草木鬱茂四時不彫舊字記作鬱茂山（輿地紀勝）

馬鞍山在城西二里高十五丈（舊志）
小華山在城北二里高二十餘丈（舊志）
仙井崗在城西北二里臨水石旁有井一（大清一統志）
世傳潘茂名煉丹飲此井從井出故名（舊志）
筆架山在城東南十里三峯高聳形如筆架又名
文筆山（舊志）明知府孔鏞創潘仙亭於山椒遺跡尚
存（舊志）
石鏡山在城東十里下有溪澄清如鏡（輿地紀勝）有
小石形如龜首又化州西南二十里亦有石龜山
上有巨石龜形扣之聲響若鑰（大清一統志）
百歲山在城東南十五里高二十餘丈（寰宇記）（輿地紀勝）南

又有古蘇山（大清一統志）
佛子山在城西十五里有佛祖壘故名（府志）
射牛山在城東南二十里高聳而秀俗呼石牛山
上有二巖有水流爲東河（大清一統志）
黄花石嶺在城南二十里高二十餘丈（嘉慶通志）
尖岡在城南稍東二十里秀聳特立一名文峯（同上）
潘山在縣東三十里昔潘茂名於此昇仙因以名
山（寰宇記）縣東三十里有紫盛山即此（通志）
鼇山在城西南三十五里以形似名俗呼王薾嶺（大清一統志）
（晉志）其石有那石山高八十餘丈横鎮水口（清一統志）

高力士宅在縣西二百四十步力士茂名縣人寔
之
觀音閣在郡城外西北隅明正統間燬于寇成化
間郡指揮潘積邑人林瓊鎬正德間邑人李健重
建
潘仙亭在郡城外東百步許今洗馬東晉潘茂名
煉丹於此明屢修久圯
靖遠亭在府北一里許明僉事陶魯建
壽國還觀亭在太平橋南宮[illegible]頃明知府鄭釗建
下瞰鑑江襟臺隄見嘉靖間知府歐陽烈復于亭
前橋小醉亭

廣東通志卷三百二十九

列傳六十二 釋老二

五仙人 浮邱公

安期生 桂父

東郭延年 毛公

朱靈芝 華子期

姚俊 康容

甘始 董奉

盧耽 梁盧

王佐 潘茂名

葛元 葛洪

三尸除死名籍能守之可長生失之不久論幽實
佐受而行之南來過居羅浮內修九年與采盧爲
友皆能變形隱化往來蓬萊後俱飛昇[illegible]
潘茂名潘州人采藥中入山遇二道士奕碁立觀
久之道士顧謂子亦識此否答曰人猶蛇實出假
賴行道士笑可其說因語之曰子項骨貫於生門
命輪齊於日月腦血未滅心影不偏若修煉則可
輕舉徒以服食黃精不死之法於東山採藥煉丹
於西山白石上昇今有潘山石船丹竈遺趾輿地紀勝
後千有餘年知府孔鏞來守高涼有人謁於馬前
自稱潘茂名丰采整秀不凡鏞命之遷而心異之

三尸除死名書龍守之可長生失之不久淪幽冥
佐受而行之南來謁居羅浮內修九年與梁盧爲
友皆能變形隱化往來蓬萊後俱飛昇[illegible]
潘茂名潘州人永嘉中入山遇二道士奕棊立觀
久之道士顧謂子亦識此否答曰人猶蛇質出假
驅行道士笑可其談因語之曰子頂骨貫於生門
命輪齊於日月腦血未竭心影不偏君能練則可
輕舉授以服食黃精不死之法於東山採藥煉丹
於西山白石上昇今有叠山石鼎丹竈遺趾輿地紀勝
後千有餘年如府孔鏞來守高涼有人謁於馬前
自稱潘茂名丰采整秀不凡鏞命之坐而心異之

廢潘州以本州南巴潘水二縣并入茂名割屬高州
案寰宇記潘茂名既去名字誤
宋
下高州高涼郡軍事景德元年廢竇州三年復置治
電白縣縣三開寶五年省良德保寧二縣入電白又
廢潘州以茂名縣隸州熙甯四年廢竇州以信宜縣
隸州
下茂名
宋
下高州古百越之地秦屬南海郡漢屬南越東漢屬合
浦蒼梧二郡吳立高涼郡晉以後因之梁兼立高州
隋平陳郡廢大業初州廢復立高涼郡唐武德六年

14. **清代《岭海见闻》**

《岭海见闻》（清代钱以垲撰）称："邑名茂名始于晋，唐改潘州，又置潘水县，盖取潘仙之名与姓而名之也。……或曰邑有茂岭，以是得名。"

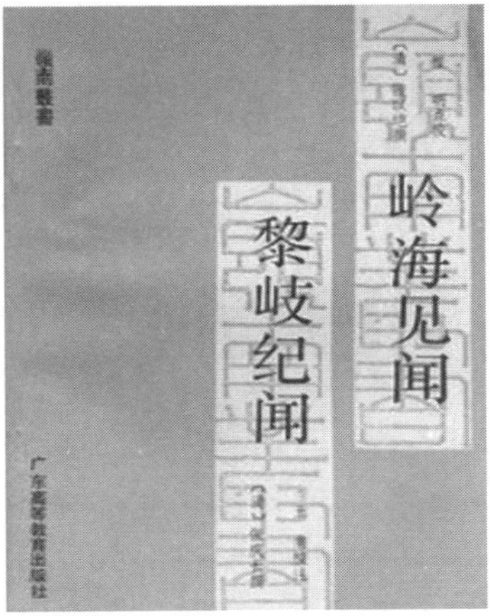

15. **清光绪《高州府志》54 卷 1-14**

秦晉之高興治廣化即宋齊之宋康郡齊於宋康之
西又置高興治宋和非復晉之高興矣乾隆志謂晉
之高興即今之化州然其齊之高興在宋康西南屬
梁州者其地當在今廣西境輿地志不載茂名阮通志
道光志謂晉之高興地在肇慶因以齊之高興治宋
和者爲隋時石龍地攷晉書[illegible]廣記李進高興人
圖在今化州又雜書載潘茂名高興人圖在今茂名
又高興出[illegible]雖今茂名西路有之然則知晉之高興
即可想齊之高興總之六朝疆域參錯難詳阮通志
謂所領諸縣當在今肇慶府之陽春陽江高州府之
石城境內 未確
已上屬梁州

高州府志卷三

輿地三

山

茂名縣

廟岡山在縣東六十步舊立廟祀王行宮於此

東山在縣東一里亦名潘山峰巒高聳環抱郡治為郡主山舊有東山寺今圮山前有潘仙故址道士潘茂名煉丹之所石炉丹竈猶存雖坡而上其上者為洗太夫人廟左右環以潘仙名祠

縣局舊志廟岡山在縣東六十步疑即此地而廣東通志廟岡山東山在城東三里均誤又圖說東山倚山勢蜿蜒北為龍崗嶺又西北為豫章嶺為小函谷國初郡城山脈東自龍岡來逾北近縣又北為小函谷均非山西北來

雲爐山在縣東三十里凡遇天陰則雲起如爐出於爐寰宇記云潘山在縣東三十里潘茂名於此升仙即此山也蓋古亦名潘山

案茂縣志云雲爐嶺名山無以專行其左即大雙邏小雙邏諸山在舊東白縣東自是三十里今應作六十里

雲開山在雲爐東高二百丈常有白雲繚繞遙望飭舍依

財嶺

王嶺在縣南百二十里高三十餘丈四木環遶台峯聳秀
唐西平王李晟之裔自吉水遷此又宋末有潘王居
此
紫橫岡山高不滿二十丈王嶺卽小華山李氏村居
高不數丈所謂潘王亦無徵據
高羅大嶺在縣南一百二十里負土多石高五十餘
丈
觀山在縣西半里隔鑑水西晉永嘉間潘茂名飛昇處一
名仙山又名昇真岡岡頂舊有昇真觀石香爐在焉觀
廢萬歷間知府張邦伊創觀山寺世傳有金玉二井潘
真人於仙壇煉丹其煙通於金井則黃

通於玉井則白崇禎二年邑人李裔相濬復玉井構亭
於右山上有曠怡亭下臨深淵石有玉泉叢潘邑二仙
祠山頂有魯亭後改魁星亭有則亭觀心閣報德祠
山高十餘丈屹立江滸林木蔚蔚側房參差詞人墨客
觴時觴詠於此

書引宋食貨志云開寶五年省廉江於水寄縣三縣入吳川知寰宇記誤也

古蹟

茂名縣

潘仙亭在城外東百步許今洗顯東曾潘茂名煉丹於此

明知府孔鏞建有仙蹤記又有仙跡亭明知縣曾學韶建崇禎十年知府姚繼舜擴其亭圖其蹟

此山堂在南寧嶺明知府曹志遇為知府吳國倫建今圮

宇記作思乾井

宋之問井在縣東一里水味絕佳疑即思前井

玉井在觀山金井在榭北一里仙井嶺 金井久湮

玉井亦圮經李為相濬復搆亭其右

石船在東門外相傳潘茂名所乘仙去棄此又有鶴遺五里山外第一河之不要洞俱化為石云

丹竈在石船北潘茂名煉丹處也其土發突而堅有二穴穴口大如盤表土泥雜蛸壤突絕宿盡消穿漏如故今

高力士宅在縣西北二百四十步有手植椰子樹二株高百尺宋時尚存

丹竈在石船北潘茂名煉丹處也其土微突而堅有二穴
穴口大如盤或土泥雜物塡塞經宿盡消空洞如故今
麗果亭

嘗爲高州守參軍人潘茂名
朱彝尊字錫鬯號竹垞浙江秀水人明大學士國祚曾孫少而聰慧

乘馬並其弟遺歸合葬其父母於斜白山之陽榆林口
三山爲表其墓上
仙
潘茂名淆州人晉永嘉中入山遇一道士奕棋立觀久之
道士顧謂子亦識奕否答曰入橘與奕實出偶爾行道士
笑可其說因語之曰子頭骨法於生門命輪齊於日月
臞血未減心影不偏若修煉則可輕舉長以服食黄精
不死之法於東山採藥煉丹於西山白日上昇今有潘
山石貯丹嶺遺址後千有餘年知府孔鏞東守高
涼有人謁於馬前自稱潘茂名丰采豁秀不凡鏞命之
還面心異之其人曰於筆架山相候鏞下車延之不得
後因謁筆架山忽有以手搯鏞者則茂名也因傾

潘仙亭於山嶺遺跡至今尚存
[illegible]
許毛一黿白堡人自幼至老兩頰如丹水旱時至歲時

乘馬蹤其跡遂歸合葬其父母於斜白山之陽新林口
三山爲表其墓上
仙
潘茂名潘州人晉永嘉中入山遇二道士奕棋立觀久之
道士顧謂子亦識此否答曰入猗蛇竇出則履行道士
笑可其說因語之曰子頂骨貫於生門命輪齊於日月
臨血未滅心影不偏若修煉則可輕舉投以服食黃精
不死之法於東山採藥煉丹於西山白日上昇今有潘
山石船丹竈遺址後千有餘年知府孔鏞來守高
涼有人謁於馬前自稱潘茂名丰采軼秀不凡鏞命之
還面心異之其人曰於筆架山相候鏞下車延之不得
後因勸農至筆架山忽有以手招鏞者則茂名也因創

16.《历代神仙演义》

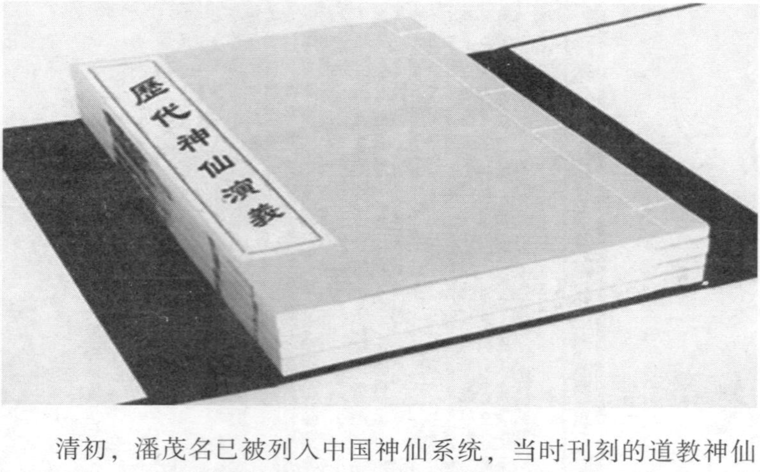

清初，潘茂名已被列入中国神仙系统，当时刊刻的道教神仙传记小说《历代神仙演义》中对潘茂名的记载，摘要如下：

韵人奕客，偶遇道流潘茂名，少耽游嬉，不治家业，常以濒居越海为嫌，欲瞻中国之盛。永嘉中，束装起行，路由东北直上。经新都石室，见二道士对弈，顾谓茂名曰：子亦识此否？答曰：入由蛇窦，出似雁行。道士笑可其说……授以服食之法，使之习静。居山二十年，犹未示其丹旨……茂名复兴云游之志……至建康，闻茅山张道士善谈虚无，广怀道法，乃造谒问其本末。道士不讳，云是定襄张玄宾，少读儒书兵法，曾举茂才……茂名更问虚无之说……宾谓曰：子乡水潦无患，遭旱奈何？我职司雨水，更为子导之。吾知桂林一处，群峰环翠，盛夏如秋，故汉名其地高凉。傍一山，泉出岩下，此龙湫也，旱时可祷于窟中，立应。此湫与苍梧龙山相通故耳。茂名回乡，爱东山峰峦起伏，隐以炼丹自养。后屡大旱，教土人往祷，果验。民感之，因名东山曰潘山。有司奏闻，累征不起，赐改高兴地曰茂名，以彰功德。

17. 清光绪《茂名县志》8 卷 1-17

潘州秦屬象郡二漢屬合浦郡大唐武德四年
置南宕州八年改爲潘州或爲南潘郡領縣三
茂名南巴潘水
宋
高州高梁郡今理電白縣皇朝開寶五年并良德保安
二縣入電白縣仍廢潘州以潘州南巴潘水二縣并
入茂名縣來屬元領縣三今一二縣廢良德保定入
廢潘州元領縣三今一二縣廢南巴潘水
茂名古西甌駱越地秦屬桂林郡漢爲合浦郡地隋
志定川縣唐武德四年於縣置南宕州後改爲潘州
仍改縣爲茂名以道士潘茂姓名爲茂名也梁開平
元年改爲越裳縣後唐同光初復舊名皇朝開寶五年

茂名縣本屬西甌駱越地秦屬桂林郡漢屬合
浦郡晉道士潘茂名於東山採藥煉丹於西山昇仙
舉南大將軍馬諝訪於二山開築城遂以道士姓名
建潘州茂名縣梁開平中改爲越裳縣後唐同光初
復舊開寶五年廢州及南巴潘水二縣屬高州景德
元年置竇州縣省四年竇州廢縣來屬

茂名縣志 卷一 輿地 沿革

山川

廟岡山在縣東六十步舊有廣利王行宮於此今
廢

東山在縣東一里亦名潘山峰巒高聳環抱郡治爲郡
主山一 舊有東山寺今圮 山前有潘仙藪
亦道士潘茂名煉丹之所 石船丹竈猶存曬坡
而據其上者爲洗太夫人廟左後有潘仙祠前爲知
府中用嘉祠廟右爲東高社學爲射圃俱知府龔鑾
創建并廢 今則洗廟巍然潘仙祠并於廣福廟
中而馬王廟藥王廟字祖廟昭忠祠六邑節孝祠先
後修建煥然一新
阮通志云潘山距東山三十里自是兩山東山又名

茂名縣志 卷一 輿地 山川

則山之東南電白地山之西北茂名地
白水山在縣北之東八十里山上飛泉直瀉中有白石
鮮明一名白水嶺疑即黃泥山（大清一統志）
案山在縣東之雲爐距北境之黃泥山不下七八
十里未可據合為一山
參冠嶺（[illegible]）在縣東八十里高入雲霄周五六
十里為雲爐浮山觀莊嶺之祖相傳山腰潘茂藏劍
有二十四大甕遺跡或有意求之輒迷處所（[illegible]）
（[illegible]）
雲爐山在縣東三十里凡遇天陰則雲起如煙出於爐
寰宇記云潘山在縣東三十里潘茂名於此昇仙即
此山也蓋古亦名潘山（舊志）
案此山今無考

觀山在縣西半里隔鑑水西晉永嘉間潘茂名祭昇於
一名仙山又名昇真岡岡頂舊有昇真觀石香爐在
焉觀廢萬歷間知府張邦伊創觀山寺世傳有金玉
二井潘真人於仙坡煉丹煙通金井則黃（[illegible]）
（[illegible]）玉井則白玉井久埋崇禎二年邑人李為相
潘復搆亭於右山上有鐵鉛亭下臨深淵石壁刻有
用上二字（[illegible]）右有玉泉巷巷有
潘呂二仙祠山頂舊有省亭乾隆間巡道王概建後
圮嘉慶己卯署知府蔡錫綸修復為魁星亭道光四
年巡道葉申萬建則喜亭（[illegible]）亭今圮又觀心欄遺
迹朱桓題扁迭經修葺山高十餘丈周小半里屹立

江淸林木葱蔚自足至巔甃甎爲道道旁石壁岸
字碑（雲邑舉人吳□書）層級高下隨山曲折倚崖築亭□人
墨客歲時觴詠端午競渡九日登高觀眺尤勝曠怡
亭今改作報德祠

馬鞍嶺在縣西二里高十五丈
仙井嶺在縣西二里高二十餘丈旁有井世傳潘仙煉
丹仙蛻蟬從井出故名玉井在觀山此井卽金井也
（府志）之
武壇山在縣西高百步（大清一統志）其山圓淨如將壇（[illegible]）
觀山嶺在縣西稍北二里（府志）
案二山名今無考
牛窩山在縣西十里高百丈周十許里遠望如屏如几
山頂一小峯圓秀卓拔山半喬松脩竹圍時蔚茂而
以石爲最奇牛山塘側有石屹峙者二大數尺高十
餘尺形如掌俗呼合掌石亦曰立石其旁大石縱橫
偃仰里人揭旗位置點綴之爲石几石桌此間倚蹲

古名宦許逵身並祀祠中鄉人別塑像座於左

呂祖殿在玉井亭上

潘仙殿向附吕祖殿嘉慶十三年巡道介休馬書欣郎
毛公所建本欲深處前址搆堂三楹移奉潘仙有碑
記

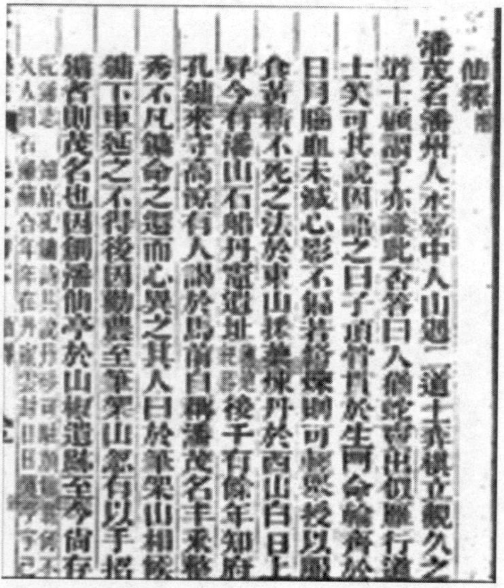

仙釋

潘茂名潘州人[illegible]中人山遇一道士弈棋立觀久之
道士顧謂子亦識此否答曰入饑蛇出俄頃行道
士笑可共說因語之曰子面骨貫於生門命輪齊於
日月腦血未減心影不偏若修煉則可[illegible]授以服
食黄精不死之法於東山採藥採丹於西山白日上
昇今有潘山石船丹竈遺址[illegible]後千有餘年知府
孔鏞來守高涼有人謁於馬前自稱潘茂名手乘[illegible]
秀不凡鏞命之還而心異之其人曰於筆架山相候
鏞下車延之不得後因勸農至筆架山忽有以手招
鏞者則茂名也因[illegible]潘仙亭於山樹道路至今尚存

衛白髮人自幼至老南頻知丹水旱將至

斷雙獻須以告人無不徵驗一旦仙去

云寺在茂名之鄉今易名大陵

名拖脇屯白

礦在三橋城後移置都司署右

博茂鹽場課司廢署在縣治西

潘仙亭在府城外東百步許今洗剛東潘茂名煉丹

餘此 明知府孔鏞建有仙城記又有仙蹤亭明

知縣各舉部建崇禎十年知府

城

此山堂在南宮嶺明知府黃忠遇為知府吳國倫建今

把

會心亭在鑑江西岸觀山寺前明知府陳熙表建

後改曠怡亭今爲報德祠

省亭在觀山巔乾隆間巡道王槩建嘉慶二十四年知

府黃錫綸改作魁星閣

試之與諸水異力士奏取其水歸朝輿地紀勝

引寰宇記作思乾井

案舊府志浮來水去城百二十里東有思乾井恐

誤今茂園井在縣東一里水味絕佳疑即思簡井

玉井在觀山金井在觀山稍北一里仙井嶺金

井久湮玉井亦圮經李爲柏淄復搆亭其右

石船在東門外相傳潘茂名所乘仙去棄此又有為乘
五里山外第一洞之不變洞俱化為石[illegible]番禺
縣大均云高州潘仙坡有一石船中坼兩端微起若
荷華片長八尺有半廣四尺又有石鶴一在雲爐洞
長二丈許相傳潘茂名眞人遺物予有石船銘云至
人鑿石以舸爲桨至人乘石以沈爲浮風霧氣御水
以神遊天橥一鶴汎汎如舟處無之澤爲留長留[illegible]
[illegible]又云潘眞人在龍山修煉有石船一葉一夕大風
雨山嶺一船飛比於城東之潘坡茂山復有船亦曰
潘山廟[illegible]

丹竈在石船北潘茂名煉丹處也其土微赤而堅有二
穴穴口大如盤或土泥雜物填塞終宿盡消空洞如

[illegible]

高力士宅在縣西北二百四十步[illegible]有手植椰子樹
三株高百尺宋時尚存[illegible]

驃騎館案郡國志故右衛大將軍高力士舊鄉則有驃
騎館相傳皆因力士之名[illegible]

日新亭在號水鋪[illegible]
案黃府志云明蔡經郡溫泉亭改作日新亭今屬
電白

釣魚臺在府東北二里[illegible]今無考[illegible]

18. 清光绪《茂名县志·卷七人物下》

清光绪重修《茂名县志·卷七人物下》记载，“潘茂名，潘州人，永嘉中入山，遇二道士弈棋……”

19. 清代《潘仙全书》

清代光绪年间，广西河池知州谭应祥曾组织人员编写《潘仙全书》，较为系统地介绍了潘茂名的有关情况。记录潘茂名外出求学于新都（今浙江省淳安县）、建康（今江苏省南京市），拜谒求教于茅山道士张玄宾的记录。

20. 清代《广东新语》

《广东新语》由清代屈大均撰。成书于屈大均晚年，是一部有价值的清代笔记。全书共 28 卷，每卷述事物一类，即所谓一“语”，如天、地、山、水、虫鱼等。《广东新语》记载了潘茂名的金井、玉井、石船、金龙等遗迹遗物。南明永历三年高州知府郁文初撰文记述他在梦中与潘茂名论《易》。屈大均为郁文初弟子郭清霞（号青霞子）著作《参同契证易解》作序时提及此事，“吾闻其在高凉梦有潘茂名真人者为讲益卦，……因建仙易亭于鉴江之上，以识所得。”清代潘茂名曾附祀在观山吕祖殿，后来建立了专门的潘仙殿。

21. **民国《东莞县志》102 卷**

22. **民国《茂名县志》**

《茂名县志·人物志》记载:"潘茂名者邑之潘坡村人。晋永嘉末处士(约 310 年),莫知其生卒始末。"

《茂名县志稿》(民国编)载:"潘茂名者,邑之潘坡村人。晋永嘉末处士。"

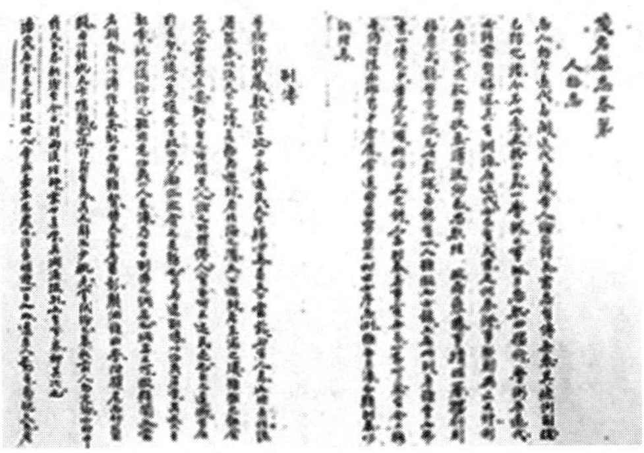

关于潘茂名的文物古迹

浮山岭

浮山岭，粤西名山。“浮山钟灵毓秀”是南粤百景之一，著名的生态旅游和农业观光旅游景区。是高州与电白分界山，北边高州市根子镇，南边电白区霞洞镇，主峰海拔在霞洞镇境内。山清水秀，树木郁葱，泉溪清澈，云雾缭绕，恍若仙境。浮山岭半山腰的亚盘村，是潘茂名出生地。这里保存着两处纪念潘茂名修炼的地方：根子超世寺、灯心塘超世寺。相传潘茂名小时候长期在这里活动。

潘坡村

记者专家在寻找潘坡村遗迹

据现代文史专家考证，古籍记载“潘坡村”在浮山岭半山腰的亚盘村，属于茂名高州市根子镇官垌村委会，是岭南仁医潘茂名出生地，也叫潘茂名故里。山势陡峻，风光旖旎，与浮山冼太庙、超世寺毗邻。曲径通幽，草木葱茏，山色秀丽。

保存有潘坡村遗址、浮山小水库、亚盘村山谷等。

超世寺

根子超世寺

灯心塘超世寺

茂名地区有两座超世寺，也叫超世观，分别在亚盘村附近，主要为纪念潘茂名。一座与浮山冼太庙为邻，位于浮山岭西面半山腰，是在潘茂名故居遗址上修建的纪念性建筑，也是当年潘茂名的修炼地，属于高州市根子镇。寺庙面积 200 多平方米。另一座在浮山岭南面半山腰，也叫灯心塘超世寺，属于电白区霞洞镇，也是纪念潘茂名的庙宇。

两座庙宇依山傍水，林密清幽，古朴盎然，人文气息厚重。

观　山

观山在高州市鉴江的西岸，隔鉴江与高城相望，又称西山。东晋时期潘茂名在山顶掘井汲泉，隐居此处。相传后于此白日升仙，故原称仙山。由于登仙山可远眺群山，俯瞰鉴江，观赏高城全景，也称观山。

观山高10余丈，周长半里。山上原有旷怡亭，下临深渊，石壁刻有“川上”二字（清咸丰六年，邑人何泰福书，现在石碑消失）。右有玉泉庵，庵有潘、吕二仙的祠。山顶原有省亭，清乾隆年间巡道王概建造，后塌圮。清嘉庆知府戴锡纶修复为魁星亭。清道光四年巡道叶申万建则喜亭，现无遗迹。

鉴江西岸的观山

明万历年间，知府张邦伊创建观山寺，面临鉴江，设佛殿、僧舍，寺门竖潘仙道像。上有“玉泉庵”“观音殿”。明崇祯二年（1629年）邑人李为相浚后构亭于右山。直到清道光四年（1824年），先后建有吕祖殿、潘仙殿、报德祠、观心阁、则喜亭、登云亭。巅上有魁星阁，山下有钓鱼台。山势迂回，自足对巅，凿石为凳，砖为道。

民国二十一年（1932 年）在观山设立中山公园。因年久失修，亭阁破损，寺观殿宇倒塌。1962 年当地政府进行了修缮。1964 年重修为高州县委招待所。2000 年中共中央总书记江泽民在高州市宣讲“三个代表”会议时，曾在此落榻。

观山寺群

观山寺群是以道教为主体的宗教群体建筑。包括潘仙殿、观山寺、玉泉寺等。

明万历十七年（1589 年）由高州知府张邦伊在升真观遗址建立观山寺，以奉潘仙像。1985 年观山寺被拆除，在原址新建观山寺。

观山寺群位于高州观山上，观山东临鉴江，南对南宫岭，山清水秀，风景迷人。明代以来，这里先后建起观山寺、玉泉寺、吕仙殿、潘仙殿、报德祠等寺庙建筑群。民国期间，又开辟中山公园，建有中山亭、茂植亭、咏风亭、襟江亭、旷怡亭和断碑亭等建筑。在这些建筑群体分别竖有碑记及各个名家题词手迹碑记。山上断崖处还有摩崖石刻，石刻群体，结构有序，典雅大方。

观山寺群中，目前尚存玉泉寺、吕祖殿、潘仙殿、报德祠，其余的建筑被破坏拆除。山光水色，景貌依然。

玉泉庵

玉泉庵，又名玉泉寺，位于高州观山寺建筑群内，含潘仙殿、吕祖殿，清雍正十年（1732 年）建成，其中吕祖殿在乾隆二十年（1755 年）竣工。潘仙殿专奉潘茂名，吕祖殿主奉吕洞宾，现只存遗址。

金玉二井

相传为潘茂名所凿，金井位于高州城西 5 里的金井岭，玉井即观山上的玉泉井。传说潘茂名在城东东山炼药，烟从城西的金、玉二井飘出。

现在观山遗址附近建立“玉泉大井”纪念石碑。

升真观

升真观，又叫升真岗。《观山古迹补录》记载，“分藩陶正中重修观山寺序云：高郡城西半里曰观山，相传晋潘于此飞升，旧有升真观，因此得名。明万历初观废。”现在遗址上，建立了高州市革命历史博物馆。

高州市革命历史博物馆小广场

东　山

东山，即今高州市东门岭一带。

潘茂名曾隐居之地，清嘉庆《茂名县志》：东山，去城东一里，亦名潘山，郡邑主山也。原来有东山寺，门前有潘仙坡，世传潘茂名在这里炼丹。明清时期山林茂密，每天上山砍柴者甚多。现在成了高州城区的郊野公园了。

思前井

作者在考察思前井

思前井，又称“思乾井”“炼丹井”“贡井”，位于高州市城东门路。这是一口千年古井，始挖于东晋时期。相传，这是当年潘茂名炼丹时亲手开凿和使用的古井。井深2.5米，口径0.8米。井水奇特，水质特殊，水位稳定，旱天不半，雨天不溢。用井水制作的豆腐，特别嫩滑可口；用井水冲茶，则芳香扑鼻，杯内不留茶渍。

北宋《太平寰宇记》记载，“思乾井在县东一里，潘真人炼丹之水，味甚美香，煎茶试之，与诸水异。力士表取其水归朝。”《兴地纪胜》也有同样的记述。清光绪《高州府志》：“今茗园井，水味绝佳，疑即此井。”此井水质优良，又是潘茂名亲自开凿，高力士亲临此井汲水送与唐宗皇帝。千百年，深受人民喜爱，一直保存至今。

思前井现处于城区住宅建筑群包围之中。建有围墙，铁栅门，水质清洌甘甜，现为高州市文物保护单位，成了高州古城历史文化旅游景点。

茂名“树木屏”

南宋庆元年间，广西转运使朱希颜将两屏茂名县产玉石馈赠副宰相洪迈。洪迈称其为“潘仙人丹”，说：“高州茂名县，本唐潘州也。县界有黄尖岭，父老言昔有仙人姓潘居此炼丹……盖仙所遗丹剂堕地融结者，一层复一层，殆可揭取……”据传，茂名“树木屏”由潘仙人炼丹遗下丹剂凝结而成，可见非常珍贵。《方舆胜览》称之为树石屏。

洪迈之文被刻在桂林漓江龙隐岩，名曰《高州石屏记》。

潘仙亭

明万历年间《高州府志》记载，“后千有余年，孔镛来守高凉”，遇仙人潘茂名于笔架山，创建潘仙亭，以资纪异，原亭无存。现在笔架山当年潘仙亭的遗址附近建立凉亭。

笔架山远眺

潘仙祠

在高州城内冼太庙东，相传潘茂名曾在此炼丹。明知府孔镛于成化元年（1465 年）建成，后毁。现再在遗址修建潘仙祠，是为高州市文物保护单位。

石船苍藓

“石船苍藓”“潘坡丹灶”与潘仙祠形成不可分割的建筑群体，是文化旅游的著名景点。明代高州知府孔镛曾为石船丹灶景

点题诗，遗址在高州市潘仙祠外广场。原来停靠在潘坡丹灶旁的石船，长 8 尺 5 寸，宽 4 尺。船两端翘起，中间稍凹。

由于常年停靠在野地上，石船长满翠绿色的苔藓。毛茸茸的苔藓，包裹着一条神秘的石船，形成一个奇特景观，称作“石船苍藓”，高凉八景之一。

潘坡丹灶

高州市潘仙祠前广场

潘坡丹灶，高凉八景之一。遗址在高州市潘仙祠前殿外的空旷地上。潘坡原在高州城东门岭下，这是东晋潘茂名设灶炼丹的地方，故取名潘坡。潘茂名在潘坡设立炼丹灶遗迹在石船北侧，其土微突，坚硬如石，上有两穴，穴口大如盆。据说，如在穴中塞填泥土杂物，经一夜后尽消，空洞如故。后在丹灶上修建一亭覆盖保护，称丹灶亭。

现亭已经倒塌，丹灶平整为小运动场。遗迹荡然无存，只留一片空地。

潘仙观

潘仙观，在高州城区南关街小观山。潘仙观原名为玄真观，后改清虚观，历史源远，2004年重新规划修建。建筑面积800多平方米，仿明清建筑风格，以四合院模式建造。正殿安置三清祖师雕像，两边殿堂为潘仙、冼太雕像，右廊为潘茂名史迹展馆。现任主持为潘茂名文化传承人丁宗猴道长。

龙湫岩

龙修村背后龙修山（灵湫山）

龙湫岩遗址在高州市长坡镇龙修村，岩洞已毁。这是潘茂名当年组织求雨的地方。

清代《潘仙全书》之《灵湫石岩附录》记载："灵湫山，去城东五下里，高六十余丈，云炉堡旧电白后，东有大小二岩。大岩亦曰龙湫，中有龙井，祈雨辄应，离岩五里有灵湫庙。"

明清时期，龙湫岩洞有许多文人墨客题词，明代郡守姚继舜、国朝邑令孙士杰等都留下名诗佳句，当年的洞壁成为珍贵的文物场所。

可惜20世纪六七十年代由于当地开采山体，炸毁石壁，造成岩洞全部倒塌，文物遗址荡然无存了。

浮山石船

此为天然巨大石头，位于电白区霞洞镇新建村委会石船头村，地处浮山岭南麓。后人为纪念潘茂名救人事迹，而赋予神奇传说。这里山清水秀，石船造型鬼斧神工，风景优美。

韶关秦关古道

秦关古道，也叫梅关古道，记载始于秦汉。《淮南子》说秦朝分五路平南越，“一军守南野之界”就指梅岭，古道设关始于秦朝。秦始皇统一中国后，对南方则开关道，积极开发岭南。梅关古道是翻越大庾岭，位于江西省大余县与广东省南雄市交界处，梅岭相传是根据南迁越人首领梅绢的姓氏命名的，另一说法是梅树众多，故称“梅岭”。

据文献记录，西晋时期潘茂名向东北远行，必经韶关，秦关古道是主要路径。

衢州仙霞古道

仙霞古道，在浙江省衢州江山市仙霞岭，这是秦汉时期开辟山路。

仙霞岭是仙霞山脉的主峰，绵亘在浙闽茫茫群山之间。群峰连绵，危崖密布。根据古籍文献记载，当年潘茂名外出求学路线，由福建入浙江取道仙霞岭。唐乾符五年（878 年），黄巢起义军进军福建，建成隘路。南宋乾道年间始建仙霞关。两千多年来，仙霞古道是东南重要道路。

新都石室

《神仙通鉴》《潘仙全书》等古籍记载，潘茂名“经新都石室”。根据现代考证，这个地方在浙江省杭州市淳安县梓桐镇尹山。明嘉靖《淳安县志》记载：“尹山在县西南 70 里，两峰南峙，跨石如桥，倚石如人，中有石室石棋，皆天然之胜。”这里自然条件与古籍记载高度吻合。据历史文献记载分析，潘茂名在尹山修炼生活 20 年。

句容茅山

茅山位于江苏省句容市，原名句曲山，又称地肺山，中国道教圣地。相传西汉景帝时，有茅盈、茅固、茅衷三兄弟在此修炼，为民治病，后人纪念他们将句曲山改称三茅山，简称茅山。两千多年来，这里道教氛围浓烈，相传潘茂名专程到茅山与葛洪研讨道学。

稚川丹灶

稚川丹灶位于惠州罗浮山，因葛洪字稚川得名。原“葛洪丹灶”由北宋苏东坡被贬惠州所题，明末清初兵祸时散失。“稚川

丹灶”由清朝广东督学使者吴鸿补书。相传东晋潘茂名游学归途，到访惠州罗浮山，与葛洪共同研炼丹药。

北流勾漏洞

勾漏洞，在广西北流市城区东面勾漏山主峰下，由宝圭、玉阙、白沙、桃源、玉金5个岩洞组成。二座大山把五洞连通一线，石笋以及各类天然钟乳石纵横交错。勾漏洞历代屡有修缮，传说葛洪曾在勾漏洞“炼丹修道”，后人在洞口建碧虚亭、葛仙祠。清代光绪年间建造的葛仙词崇阁巍峨，画栋雕梁。洞摩崖碑刻如林。在众多的碑刻中，有唐代名将李靖的《上西岳书》碑，南宋宰相李纲入洞题诗碑等。

相传潘茂名当年专程从高凉出发，到达北流寻找在勾漏洞炼丹的葛洪，师兄弟缔造一段岭南道医的佳话。

桂林龙隐岩

龙隐岩，在桂林市区七星公园。龙隐岩摩崖石刻列入全国重点文物保护单位“桂林石刻”范围内。

南宋绍熙五年（1194 年）的一天，担任广南西路经略安抚使兼静江知府的朱希颜，带领家人游览今天的龙隐洞，再次题诗并序于洞中石壁。在桂林的摩崖石刻上提到龙隐洞之名始自朱希颜。庆元元年（1195 年）十月，朱希颜给洪迈《高州石屏记》写了篇跋语，并由静江府文学教授刘褒将记和跋一并“刻于龙隐石室”，亦即今龙隐岩。《高州石屏记》关于茂名“树木屏”就有记载，“树木屏”是当年潘茂名炼丹剂凝结而成的一种珍贵文物。洪迈及朱希颜的作品都保存在龙隐岩石壁。

历代关于潘茂名的文艺作品

一、杂文

说明：根据《潘仙全书》原文，结合高州文史专家张绍均先生收集的文献，经过作者与专家们核对、考证，明清时期以来关于潘茂名的碑记杂文部分收录如下。

潘仙赋

何处神仙，闲寻轶事，得姓氏于遗编，识幽踪于郡志，传真诀于丹邱，俨遗像于萧寺。

西晋永嘉之间，即东山修炼之始。此山有仙，与仙局戏。花影半林，松阴满地。妙景空空，无人指示。出入二语，顿觉元机。道德千言，翻为剩义。此殆夙缘，都非有意者也。于是攀薜萝，辟荆杞，丹灶烟飞，石船风起。

朝汲泉于观山，暮洗术于鉴水。采丹田之芝，煮白石之髓，嚼瑶笋之芽，餐碧柰之蕊。勤洗伐而脱尘凡，取菁华而去渣滓。瞻金阙兮匪遥，望玉京兮伊尔。与洪崖兮拍肩，共浮邱兮拊髀。

此时人间无路，莫可谁何。但见洞中有天，不知所以，尔乃数着残棋，一声长啸，千年沧海，几次扬尘。船何为而陆沈，棹何为而岸欹，灶何为而火冷，井何为而泉堙。双渚依然，渔歌寂寞。东岭犹是，樵唱隐论。时或二三逸侣，美景良辰，登临发兴，俯仰伤神。

思过去之事，看观在之身。拈笔题壁，把酒问津。盖升沈无奈世事，而凭吊一付诗人也。然而殿入萧何，仍号萧何之殿；城居赵信，即为赵信之城。故在宋之前，亦云潘水；而自晋以后，犹曰茂名。

今日睹山川之尚在，觉眷恋之犹生。苟测仙源之一脉，可从实地以力行。为之歌曰：

“昔人学仙仙已成，仙葩径寸至分明。心茅变芟尽心径清，挟持心影莫教倾。不须云表邑金茎，不须海外来朱英。眼前有仙药，回首即蓬瀛。”

——清·潘江（邑举人）

重修观山寺序

高郡城西半里曰：“观山”。相传晋潘茂名于此飞升。旧升真观，因此得名。明万历间观废，复建观山寺，以奉潘仙像。上有金、玉二井。

雍正辛亥，观察达斋毛公，登高怀古，虑夫名迹之就湮，后观之弗备也。出禄入之余，鸠工庀材，鼎新故址。复因山石竹木，高下自然之势。益以飞甍之遂宇，承以曲磴回廊，窈然廓然。足令寻胜者意惬也。

公素敬信唐进士纯道眼，半生碌碌剩吟肩。相期共弄濂溪月，随在得观君子莲。先是观山定峰禅师，为余安扦母墓，后在羊城，晤业师赵仙心，言乩示前生与余同在吕仙们下。余呈诗云："因缘早悟三生上，离合何曾一梦中。"师和云："同栖缥缈瀛洲上，暂降郎环福地中。"又得圆圆师，授余以黄石杨蒋心法，统计生平阅历，具有仙缘。拟于观山建堂，供奉诸师，俾近澄仙香火，一瓣长留。未卜夙愿能偿否也。

——清·陶正中撰文

观山吕祖殿记

上古制卜筮以前民用，厥后数学代兴，多著灵验。盖天赋前知之至人，泄奇显秘，以见神明之酬酢不爽也。荣囊于京邸，得吕祖生生数一帙，信奉有年，怀疑辄叩，无不响应，不啻漆室一炬。

今上元年，荣奉命，运末西哉，亦卜焉。其辞晓畅，有如晤对前贤，明白指示者，计前后再任郎署，监督禄米仓，必先机发蒙，灵异不可胜纪。有怀立庙，以报明德久矣。

八年四月，始出外为凌江守。鹿鹿薄书，刻无宁晷，叨未得偏览山川之胜，故斯未遂。未阅岁，叨奉国恩，迁高雷廉观察使，来涖高凉。

暇日因游城西，登观山、远眺群岫，鸟瞰鉴江，心目顿开。其山故有观山寺亭一座，寺门一座，佛殿一座，僧舍数间，颇极幽静。其上复有玉泉庵，寺门一座，观音殿一座，殿前小屋三间。北人潘士膀曰：“山不在高”，字颇秀劲。寺门有潘仙遗像。按永嘉间，羽士潘茂名，於山顶挖井汲泉，以供丹灶，名曰“玉井”。遂于此白日升仙，故其山又曰“仙山”。今玉并尚存。荣以仕宦浮踪，流连俯仰，喜胜景之无穷，欣斯愿之可成。乃命工人于玉泉之后，劈土筑吕仙殿，遂请潘仙并祀。于中殿之左右，各置两楹，其东曰：“芥子山房”；其西曰：“云林书屋”。芥子山房前，复构一室，曰：“翠微深处”。

十二年秋，又于观山寺之前，筑亭一所，颜曰：“登云”。用谢康乐“惜无同怀客，共登青云梯”之句。再於山势纡回处，凿石为磴，周屋为廊，俾寻胜者可以游憩，咸愿溯清风而景行也。

是冬，荣捐赀开高凉堡内，任仲米宾坡旷土二顷，命司事彭宪等，分年经理。租入除供赋及寺僧香火，岁给谷二十石外，余充扩修殿宇，诸费凡有出入，寺僧与司事互相维制，务归实用。此荣两年来经始垂久，粗者就绪，冀得妥神灵，以永福庇者也。

分藩金匮陶公，以课农来高，鼓棹理屐，再陟观山之颠，许为著序，以勒诸石，乃为纪略如左，以俟参考云。

——国朝高雷廉道毛世荣吴县岁贡

灵湫岩记

（一）

相传旧电白（今茂地之东电白堡）东二十里有龙泳湫岩，其祷雨灵应如响。

丙子岁夏旱，余竭蹶登岩，而风雨骤作。今夏四月苦旱，父老请汲龙湫水以祷，初取其赝者不应；更汲真者，有五龙为潘真人遗制，请而祷之，三日而霖雨浸灌，苗始苏。民欣欣相告曰：灵固弗灵于龙也；龙湫则固龙之神窟，宅于斯以显灵也。

——明·郡守姚继舜文

（二）

及其湫之兴云致雨也，丁卯秋旱祷之雨。

癸巳又旱，延潘仙之龙置水中，赤日如焰，倏然雨如注。说者谓龙之灵，藉湫之润而交相成也。

——清·孙士杰撰文

观山赋

（一）

郁然一邱，俯瞰清流，可以远眺，可以寻。地经万劫，人双眸。清松翠竹之间，岚光掩映；琪举瑶花外，波影沈浮。盍往观乎！询且乐。登斯山也，欲去仍留。

夫以兹山之在高郡也，环绕城西，连延郭北，青浮茂岭之旁，绿泻鉴江之侧。岩峭林深，峰回经仄。山半则梵宫阆若，亲寻火缘；山巅则奎阁魏然，永状林泉之色。隔岸渔舟晚唱，逸兴遄飞。当年蛇窦淡元，静观自得，故其以观名山也。清凉境界，仙佛胸怀。四面入画，一望无涯。游观者闲携竹枝，入山者时着芒鞋。云水光中，须眉欲活；夕阳影里，明净为楷。访观奕之踪，此间可乐。登观心之高旅顺，且住为佳。

仙去瑶京，弯鹤时鸣。风吹经院，月冷揪杆。古龛尚峙山冈，沈檀香袅：仙井犹留山麓，玉液泉清。过眼云烟，笑指大观在上；怀山水，居然有仙则名。史阮身闲，来叩禅关；山亭徙倚，山经跻攀。偶从观鉴留题，别开生面，为此江山胜概，尽洗尘颜。

舄飞凫而欲落，仙跨鹤而初还。也因履风流，棋围别墅，可有羊裘雅度，碑岘山。骚客来游，丛林久尘。红树秋深，白莲月堕。望东山兮云拥归樵，俯双渚兮烟迷钓船。天光云影，远观则眼界全开；鱼跃鸫飞，近观则心源在党。仿佛钟鸣山寺，诗咏洗然。依稀路入渭画题与可。客有侨居树会，咫尺负坛。陟崇阿而游园，临江诸而凭。奇峰笔架，润挹文澜。回春飞阁层峦，千寻耸翠，得住洞天福地，九转成丹。相期五岳归来，更话云游云趣，定向泰山顶上，先为日出之观。

——清·谭应祥（高州拔贡，河池知州）

（二）

亦尝访仙踪于高郡，纾尘辔于禅关；憩回龙之寺、沂上宫之湾。石船则土花绣碧，丹灶则落叶烧斑；悼骖鸾兮人杳，嗟跨鹤兮缘悭。则见夫圆峰隐隐，流水潺潺，云埋鸟道，烟销螺鬟。现琳宫之缥缈，露宝刹之萧闲；渡迷津而鉴影，指福地于观山。

斯山也，无庚岭之嵯，无罗浮之奇崛。当两晋之分，正五胡之沸；人尚清淡，士营赤绂。邱壑毁于干，荆榛谁为拂？乃有潘茂名者，秉方寸以无偏念，长生之可乞，青嶂而流连，接丹梯兮。以梅则花开鄂不。一鉴众山，静观万物，泊九转丹成。三山芝采，梦断红尘，云梯碧海；楼中黄鹤已飞，江上青山不改；坛余柏子霏兵，溪桃花绚。寒火一，玉泉千载；升真之宝观就荒，琢石之兵宛在。岁月滔滔，经长蓬蒿；沧桑人远，梦想神。

逮有明之末，选维太守之贤豪，拘禅房兮曲折，覆鸳瓦以周。海天之胜景，遗像于仙。金容玉貌，羽昭星袍；旗檀蔼，莲座风高。珠观青之珞，眉漆弥勒之毫。护韦驮之宝杵，魔神女之云；包罗万千气象，残百八蒲牢。

登斯山也，但见覆榭飞楹，云窗雾牖，竹院吟，松鹤守。东山峙其前，西塔环其右。近则鉴江水碧，波影涵空；远则笔架峰青，岗光焕斗。俯瞰则郡城为带，百万灶之炊烟；四则岸树参天，绿之杨柳。莫不挂笏神怡。竚立久，玉液茶。琼后泛蒲，快尘之俱无，拟洞天之小有。迄今几千百年，谈尘于飞仙。观心阁外，芥子房边，模糊药。想像芝田是其是幻，为梦为烟。省亭废兮故址毁，魁楼兮新制传；玉虚冷舄凫去，金井枯兮龙眠。何处碧城十二，难寻珠阙三千。喜名山之依旧，古之数椽。每当秋雨重阳，春风寒食，红棉欲飞，白云无极，峰疑莲岛移来，人记桃源相识。斗仙奕之一枰，塌神碑之半。卜座右之灵签，问天涯之消息。又或端阳竞渡，士女为织；人影衣，山光水色。豁游子之双眸，柘文人之胸臆。遂令斑管留题，松烟涨量。韩尚书之楹帖交悬，陈中丞之壁诗常。叶黄钟，声谐类则。答唱于岩边，和渔歌之渚侧。歌曰：

山花落兮山鸟鸣，仙人去兮返玉京。跨湫龙雾合，叱石兮云惊。瞬息兮沧海，咫尺兮蓬瀛。逍遥兮观山观水，徜徉兮浮利浮名。

——清·林棣（信宜拔贡举人）

仙易亭梦记

千古圣人，吾未之见也，见之梦，即梦是人而已。形限于地而种不隔，形限于时而天不隔。人限于时而天不隔。不隔一路，较然有据者之未游也，则以为幻，幻而得师天之徒也。

昔者，文初注易，自乙丑始迄乎辛未。贫随程君翼云为信邑令，署中展易至损，益成说滞胸透，脱之难非不井。然明辨之谓也。有梦不以意得。不以意得者，然幽之矩，升天之级也。梦一先生，貌瞿然，色黧然，盛唐之巾，晚绿之袍，萧萧瑟瑟然，无足重于世眼也。

问曰："木道乃行，此何说焉？"初对曰："震、巽、木行东方，仁道也！""若然而震巽在恒，何不行？"初不能答。因固问之，曰："人之身，木下金上。巽股也，震足也。股上足下是以行，巽亦掌也。足上掌下，是以立不易方。"

初闻之，动于心髓，竦于毛发。

固吾有生来大梦之一觉。而端然起坐，心摇明味之界，汗浃簟下之毡。叹曰，"世间固有学焉如此乎。"

废前注湔闻而悔晚，几几乎象数之未繇，自是梦始。已又梦先生来解观象，又解临象所言玄奥，俱不出日前物象所得之。凡三见而初乃束笈归楚，为吾友宋冒非诵之。

翁曰：“是其信宜之贤者哉。物聚有情，神酬苦志。宜吾子之见梦也，学有其至，生无其徒，古之至人，怅然终，古者多矣。岂独目前越事哉。神授吾子签路，始无着处，天性得师，而数仞宫墙，一晌撤去不存矣。”

然曷不致奠谢之，以媚别于神明之牖。抑越兹十七年，所不知于易事何如矣。而奉命守高，幕中情想，心然，敬补一奠，当何如耶。词曰：“此事何得兮，伊人其口。忾怀不忘兮，心师神友。□何丰兮以部，山何瞻兮在斗。固逍遥而羽化兮，来时有□。妙义真不在文字兮，天先天后。十七年兮路旧，百世之知为旦暮兮不苟。神之来兮晤言杯酒。云翱翔用而还极兮，独梦慕之搔首。”

——永历三年岁次己菊月吉楚蕲水郁文初拜撰，高凉门人李鳞祥较正，李本先书丹，张自奇篆额

万缘庵碑序

城西鉴水之上，有亭曰：“仙易”。溯其始，本府太爷郁文初，三楚人也。

尝在梦寐间，与仙人谈易，诘其姓，答曰：“潘仙翁”。遂于己丑创斯亭焉，立仙像以祀之。后常住释师，乃于亭之左构一室，楣曰：“万缘庵”。

佚名

重修龙山庙引

茂邑之有龙山者，居县治上游，称形家少祖。

然溯龙名，实因窝著。去庙前百步，有石一泓，神奇，亦称灵湫，旱潦曾无溢。（祷雨浴龙辄应）。访遗闻于故老，传逸事于古。初沙舍人一檄捧来，恩留下邑潘仙伯九还烧处，景爱名山檀洞府之清幽，藏修功满，契苔岑之臭味，仕隐交深（此言潘即茂名）。

跨鹤上升，犹未忘于民入城郭，封虾远寄，实相贻以雨露风云。迨启鱼缄，惊看龙种备五行之数。此水斯灵，为三日之霖。其神不测，飞宁因窃，在困符利见之占，血岂真流，战野销元黄之厄（相传龙被窃，飞回陇畔，为锄伤足，流血满田）。乡之人神变化，图报恩施，效叶县以祭王乔。如桐乡之朱邑，有驯育龙法。仙伯既灵镇山河，号豢龙官，舍人宜享为社稷（不说坏沙公最是）。

从此，雨即随车，蠲首岁游，润常遍野。是以拔潮上之田，王观察经营远矣（春秋官祭），德施之楔，孙明府有亭翼然。

今惧仙迹将沦，龙功莫补，伏冀广施白撰，厚集青蚨，捆载而来，无待石船运至，倾囊以赠，真如丹灶点成（石船丹灶皆山中仙迹）。

庶得鸠匠兴工，鳞堂增色，龙神归洞，鸾驭下观。此时广结胜缘，皆善信众擎之力，他日详镌乐石，即官绅纪德之碑。

——清·同治容茂才锡成撰文引

重建观山玉泉寺潘仙殿序

高凉有观山焉，卓彼一方，巍峨爽挹。西山灵秀。前戴府以应天星奎璧位，当显文明，乃增建魁星图最高顶，预卜巍科显第。代有兴者，尽仰观天象，应主文章。然言天文者，舍不得地理。

余总镇高凉，自辛卯越壬辰，遍观形胜：左搴旗，右系钺，鉴水厉其寒芒，剑器耀其外捆。登坛御将，符节遥通，磊磊落落，扈扈从从，俨有边疆威镇之雄。望气者虽：气似珠揽势者，不兼祖韬略乎！昔之人官斯土亦谓地采者，人杰而不知地灵者，神仙亦由此发迹焉。就其往迹，供潘仙口口大口象于山腰翠微间。昔号芳祠，今称古刹。春秋佳日，为仕宦息民观风之地，推斯说也。殁取口纲卦，风行地上，观先王以省方观民设教云耳。不然，胡以为以观名山且筑寺观以与口人口共邀口灵观哉！夫有为于前莫为之，继今昔同，慨如口口。

潘仙之殿宇与上下台观，年远陵微，不天日就颓圯。虽经口前任观察□仁人君子随时修葺，而规模狭小，殊未足以妥仙宗而畅英风也！觇星象而观形势，大观在上，其中纥无以壮观瞻，非特失古人名山之意，其关系此邦文武之盛衰何如也。

未几，山僧云峰以重谋修建来请谓，余崇仰潘州兼驻茂名，可志鸿爪。因想圣朝重熙界洽圣人，且口神道设教，口口口口升平，值观兵于耀得之年，获海晏于口口口会，倡为此举。盖亦以钟毓之理，元会符合，以时考之，必有营选，乃能仰契乾象，俯合坤与，筮离明占，震福于以卜。十数年后，当更有与人文并起者，为补形家言着之阙云耳。

佚名

二、诗词

潘山颂

（一）

潘仙井畔夕阳斜，潘仙庙前人奚槎。绿苔半山似春水，白云满江如落花。

红桥未坏武夷板，丹灶犹残勾漏砂。不知可有昔时鹤，飞到松间话永嘉。

——清·易顺鼎（汉寿举人，高廉兵备道）

（二）

潘仙羽化姓犹存，留镇名山静俗喧。共信丹成忘灶冷，奚忧石烂见船翻。

云连茂岭岚常滴，水近思乾井尚温。风景不殊城郭改。垒垒荒冢暗郊原。

世远何从问大还，飞仙遗迹寄东山。毛方共识金丹诀，罗辩应排玉笋班。

隔岭樵归人仿剃，前坡苔长地幽闲。独怜太守峰头见，枉见相招不度关。

谁将州县号神仙，传得长生不计年。城市山林都福地，乾坤日月在壶天。

烧丹客去埋金鼎，汲水来人话玉泉。山寺久荒秋叶满，更无道士与谈玄。

棋局当年记异踪，雁行蛇窦响争琮。黄精旧得仙方服，苍藓今余古径浓。

岭对观山无客访，祠依冼庙有尘封。云炉仍指飞升处，俯仰兴怀只笑侬。

——清·佚名

观山颂

（一）

丹灶空闻九转丹，芳郊云树剩奇观。金中见月何须补，火里生莲本未干。

试问黄芽谁得药，更无白足与登坛。只今牧竖闲凭吊，记取当年人姓潘。

——清·陈树芝（湖南湘潭人，高州通判）

（二）

洞门清静绝尘埃，石磴春深长绿苔。绕郭江光斜照外，隔林僧语白云堆。

围棋零落仙人戏，霸垒销沉冼氏才。遗迹千年频怅望，登临空见野棠开。

——清·陈淮（高州知府）

（三）

吾家仙子已成丹，留得佳名山可观。不欲点金宁灶冷，为难浇浴故泉干。

自乘黄鹤归瑶圃，剩有青松老石坛。几度登临多熟识，人疑我是昔年潘。

——明·潘士毅（河北人）

潘仙遗迹

（一）

丹成遗迹几千春，烟树苍茫景物新。金井有灵开胜景，石船无路觅仙津。

山村隔浦通孤掉，雉堞荣流绕鉴滨。曾向白云深处望，何时与我话扬尘。

——清·钱元佑（嘉庆举人）

（二）

郭外招提一径攀，苍苔履齿陟孱颜。蝉声万木风烟里，人语千家市贵间。

巾帼肤功留旧史，真仙遗迹有名山。石船丹灶依依在，谁问当年大小还。

——清·吴徽叙（高州举人）

（三）

江城驱马过西村，涧雨松风喜尚存。山上仙翁闲白昼，井边秋草冷黄昏。

寒炉此日寻烟缕，活水何年煮月痕。前度孔镛今复到，可能招手出云门。

——明·蒋应泰（贡监，北京人，高州知府）

（四）

仙家鸡犬去无存，丹灶空余火不温。万古灵踪何处觅，淡烟荒草暗孤村。

短棹轻帆远远开，潘仙何处问蓬莱。如今化作沧浪石，春雨年年长绿苔。

——明·郑义（浙江人，进士）

登观山怀潘仙

（一）

翠微深处供纯阳，仍奉潘仙主道场。玉井不随金井压，观山遥对笔架长。

昔人乘鹤空千载，冷宦登高醉一觞。我诵遗诗思古貌，仙心渺渺白云乡。

人去犹留山可观，题诗几辈继骚坛。陆沈方信船为石，泉涸谁知灶有丹。

绝顶一登惊落帽，同怀无客共凭阑。仙风师范归何处，断望秋江水满滩。

——清·谭应祥（高州拔贡，河池知州）

（二）

郭外招提一径攀，苍苔屐齿陟孱颜。蝉声万木风烟里，人语千家市贵间。

巾帼肤功留旧史，真仙遗迹有名山。石船丹灶依依在，谁问当年大小还。

——清·吴徽叙（高州举人）

（三）

此地仙翁曾炼丹，残山剩水亦奇观。船固石重风难挽，井为炉荒液自干。

鸾驾蓬莱花作县，鹤归华表草生坛。既留姓氏人间耳，何著茂名不著潘。

——清·张兆凤（山西汾水人，高州知府）

（四）

观山峙立万山表，山色苍然青未了。观山支柱鉴江中，水流日夜相撞舂。

吞吐喷薄石齿齿，如鼓雪浪飞神龙。上有禅房联万瓦，灵气窈深拓者寡。

仙人闻说永嘉年，羽扇格邀何处也。我来访古离喧嚣，径凌绝顶超之超。

丹灶火孔金井涸，荷剧无地锄灵庙。感此我为三太息，欲往从之无羽翼。

行经落叶满空山，棋枰蛇窦藓苔蚀。日暮仙灵窟宅深，山磬一声归得得。

——清·林联桂（进士，吴川人，郡阳知县）

（五）

官闲偷与海鸥盟，偶挂雕弓傍石行。松顶鹤巢深树见，江心渔艇暮烟横。

旧山人去花应落，古寺雨来潮欲生。学道何年逢鼻祖，云峰招手过西城。

——清·潘拱宸（河北古燕人，雷州参将）

茂　岭

是岭名为茂，山中有茂名。丹成春不老，岚洗雨初晴。
草木钟灵气，烟霞结夙盟。屺瞻时一眺，葱郁接佳成。

——清·谭应祥（高州拔贡，河池知州）

东　山

昔年州未建，此地即深山。羽客观棋入，樵人结伴还。
偶然相唱和，忘却路回环。知否城东寺，仙踪不可攀。

——清·谭应祥（高州拔贡，河池知州）

省　亭

仙在此山驻，山因仙迹扬。翠微留万古，此地一文章。
山观水又鉴，知我衷怀不？动静在其间，构亭学省咎。

——清·高式震（贡生，廉江人）

升真观

昔人学仙已仙去，此地空留茂岭名。欲问灵踪何处觅，隔林唯听涧泉声。

——明·孔镛（江苏人，进士，高州知府）

潘仙亭

共说丹砂可驻颜，仙翁何不久人间。石船藓合年年在，丹灶云封日日闲。

亭宇已成新岁月，乾坤犹自旧江山我来欲问长生诀，辽鹤何时海上还。

——明·孔镛（江苏人，进士，高州知府）

仙易亭

高州潘仙人，西晋有遗迹。自从六朝来，昭著在图籍。
以姓名其州，以名名其邑。神仙多缥缈，独此可证实。
石船与丹灶，尚在冼祠侧。观山留玉井，昔日泉清冽。
我来访仙踪，山青复云白。太守郁文初，事载翁山集。
潘仙曾入梦，问答语可悉。相与谈易理，仿佛若面觌。
遂于郡城西，筑城号仙易。著书称易纪，惜哉书亦佚。
太守蕲州人，弃官成隐逸。弟子郭清霞，乃作常德客。
常德吾故乡，岁久罕称述。我闻兹亭名，屡见兹亭额。
初不知其由，过门未轻入。偶读翁山诗，小注载历历。
是月建己亥，其日为壬戌。出廓观艺厂，僚友联裙舄。
偶然谈此亭，相与访其室。岂意坐客满，酒食列筵席。
乃知仙诞辰，盛会比佳节。三百六十日，此亭日日寂。
独此一日喧，我辈巧相值。共叹仙有灵，招我通蛮肸。
谛视壁间碑，即是太守笔。文字未漫漶，苔藓待摩剔。
周君任响拓，当有墨本书。亭后榭两间，俯视江水碧。
大树遮蔽之，夕阳射其隙。隔江对观山，楼阁相拱揖。
苍翠来扑人，风景美无匹。毕候善为政，慨然任修葺。

我亦愿醵金，点缀供燕息。庶于蒲书暇，稍得琴尊适。
蛇窦兼雁行，仙又尝论奕。谈易学王弼，观棋学王质。
我今五十四，假年未可必。先求寡过方，再乞长生术。

——清·易顺鼎（举人，湖南人，高廉兵备道）

玉泉亭

高凉众山青簇簇，登山遐旷仙山独。罗浮参立远献奇，铜鱼白马及山足。

振衣绝顶群峰渺，人为胜夺天公巧。翰苑不数龙凤洲，瀛海分得蓬莱岛。

晋代闻人潘茂名，丹炉药灶列纵横。雁行蛇窦精易理，出入一语契仙经。

道士授以九转诀，飞炼服食升仙行。依山冷冷有玉井，石甃深碧渟且泓。

照人须发若明镜，色如绀碧欺琳琼。仙源湮塞几经年，古迹漶漫名空传。

太学好奇胜情具，顾而乐之陟其巅。攀藤辟薜周遭遍，徘徊曲磴浑忘倦。

天划灵泉遗事呈，旧穴重开玉泉见。甘香澄洌俨醍醐，松饭胡麻堪并荐。

嵚崎共道此山好，雅尚多君恣幽诗。虚亭构结足犹夷，世上红尘自清扫。

——明·冒起宗（江苏人，进士，高州如府）

玉泉井

（一）

难得重阳节，欣逢丰日闲。簿书权谢遣，岩壑乐跻攀。
往岁不曾到，何期今又还。盟心玉泉水，终古此潺湲。

——清·孙揖（进士，山东人，高廉巡道）

（二）

闲来山顶访仙踪，细草幽花夹道浓。玉井宛然人已渺，谁分涓涓洗尘容。

——清·谭应祥（高州拔贡，河池知州）

（三）

水从山上出，掘井最高峰。甘与琼浆比，源曾瀚海通。一丸熔药就，还丹自有功。

——清·钱以垲

（四）

闻说烧丹异，峰头喷白烟。只因坡有灶，能使玉为泉。
九轫今空掘，一瓶谁结缘。观山仙去久，无复水涓涓。

——清·谭应祥（高州拔贡，河池知州）

（五）

峭壁山临水，荒烟井在巅。冰壶晴映日，玉镜含晚烟。
清液惟仙汲，幽林任客穿。云封胜迹后，空有碧苔鲜。

——清·黄大鹏

（六）

莲花开十丈，何异太华峰。石爱琼台润，泉疑溟渤通。
自无尘迹到，常有白云封。羽客藏修日，全资沆瀣功。

——明·张邦伊（江苏宁波人，高州知府）

（七）

山顶月初霁，天坛夜气清。玉勾古井在，秋水澄空明。

——明·魏浣初（江苏人，提学参政）

（八）

旧是升真处，真堪汗漫游。不知炉火灭，犹有井泉留。
玉槛天光映，银床云气流。饮来轻两腋，极目渺神州。

——明·蒋应聘泰（贡监，北京人，高州知府）

（九）

案牍幸无事，明招惬胜游。仙踪今幻化，玉井旧丹邱。
雉堞依山近，人烟隔水幽。小亭闲可坐，黄鸟任相求。

——明·王际逵（进士，福建人，右参议）

三、戏曲

潘仙采药歌

邑有仙人名茂名，丹邱访道悟棋枰。
蛇窦雁行通易理，丹砂白石恣煎烹。
别有大还成九转，出郭悠然任意行。
挺身曳杖山椒去，排葛扪萝介路成。
心茅芰尽仙葩艳，九节菖蒲恰寸茎。
千载蟠桃熟顷刻，交梨火枣尽滋荣。
取携自我欢盈载，一肩担去共谁争。
世人孟浪寻仙迹，举趾面墙歧路横。
眼前仙药迷不识，踏破天涯采蔓荆。
君不见，秦皇情取于人力，儿童海上日纭营。
三山奇药不可得，舟行风引望峥嵘。
又不见，少翁栾大蒙汉武，祠神未集鬼伧伫。
输却金枝玉叶主，朱英瑶草远蓬瀛。

——清·余麟杰

潘仙歌

昔有人兮山之间，白石丹砂炼大还。
山中道人能相骨，骨贯生门能傲兀。
山中道人喜谈心，心影不偏真元窟。
异哉！
世人之骨绕指柔，项骨柔时不到头。
况乃此心方寸地，荆棘丛生未曾耨。
君不见，
仙人坡上一片石，荷花瓣里凝深碧。
停桡不与浪浮沉，耐尽风霜无今昔。
又不见，
仙人挖井山之巅，隔断下流向上穿。
怎生清液唯仙汲，不留一滴染尘缘。
我道仙家无多诀，猛然提醒众妙微。
身中火枣无人知，海上儿童真痴绝。

——清·潘江

潘茂名文化扬古郡（小快板）

卢 泳

历史长河洪流滚，千里迢迢闯北粤，
社会变革时日新；风尘仆仆驻观山。

潘仙文化扬古郡，安居秀观山，
设馆纪念德道人（双）。专心研学问。
水有源，树有根，翻过千山越万岭，
民众交口说纷纭，长年累月历艰辛；
今晚开晚会，理论实践相结合，
纪念潘仙1716既诞辰。精通药性显奇能。
潘茂名，苦出身，诚心拜师把握经脉，
生于广东高凉郡；治病济世益社群（双）。
落地于风光秀丽浮山岭，曾在东门荖园村，
全国闻名荔乡根子人。开园种药夸四邻；
他年青时期显聪敏，思前井水如甘露，
游历全国走频频，润育草药满园春。

又在观山打个大石井，古往今来全国唯一例，
玉泉制药碧水最甘纯；华疆大地美传闻。
精炼仙丹丸散设专灶，寒来暑往千几载。
观山顶上刻有碑文。永世留馨德道韵（双）。
高雷府志长记载，语切切，情真真，
潘仙事迹实在感动人（双）。时逢盛世多喜事，
喂，有个传说真美妙，百里城乡集雅音。
某年某月正春分，高州名城又添新景点，
突然天昏地暗洪水暴发山头游客日增多，
陷来往穿梭密如云。
只见潘先生，贵客嘉宾来指导，

驾鹤飞升天上去，善长仁翁亦亲临。
阵阵清风化红云，大力发展旅游业，
石船置落高凉岭，潘仙文化扬古郡。
船竿直插鉴水滨。继承潘茂名好传统。
诏贞观年间受嘉封，文明思路全刷新。
重重奖赏尊才能，构建和谐新社会，
为了纪念德道者，快马加鞭续奔腾。
功表千秋大贤人。各行各业都要大团结，
以其姓氏设潘州，向着“四化”猛进军。
以其名字建茂名，努力实践“三代表”，
时时关爱中下层。社会和谐胜千金，
当好社会主义建设排头兵，名胜旅游多花样，
高州决不后于人（双）。请你快来品一品，
诸位好同志，我地浏览潘仙观，
列位好亲邻，抖擞占郡重精神。
我们纪念潘茂名，果乡人民欢迎您，
英魂瑞气贯乾坤，祝君前程一路顺。
造福民间行德政，宝光生辉萦瑞气，
施医送药护人民。鉴水欢歌伴唱吟（双）。
卫国和平安稳定。

高凉竹枝词

（高州山歌）

（一）

阿侬不著柳丝裙，
窄袖轻衫拾翠人。
生怕春风频识面，
家家儿女裹头巾。

（二）

茗园春嫩一旗开，
众绿丛中笑语来。
压担盈筐歌载道，
仙人浮山采药回。

（三）

连宵春雨绿成围，
布穀声声唤夕晖。
料得今年农事好，
嘱儿石鼓买牛归。

（四）

淦水飞来月一丸，
照侬心事剧团圞。
愿郎好比观山静，

莫更扬帆过石门。

（五）

片片飘花点客衣，
归畊又兴素心违。
青芜重拟寻丹井，
仙水无端别钓矶。
铜鼓涧边春雨细，
木棉江上鹧鸪飞。
鞭丝帽影催人老，
已见红蔬绿渐肥。

粤曲对唱：茂名人唱潘茂名

（梁启撰曲）

[诗白]（女）云开峰秀景春明，南海涛喧金浪声。

（男）地杰人灵八方仰，茂名二字永蜚声。

[血泪花中段]（女）茂名、茂名、二字温馨动听。

（男）乡镇遍佳景，都市美姿影。

（女）一座美丽海滨城市，（合）此乃江总书记墨宝飘馨。

[浪白]（男）江总书记挥笔留下“要把茂名建设成为一座美丽的现代化海滨城市”。这行光辉的大字，使我们茂名更加蜚声海内外。

（女）但是，我们自豪的茂名人，永远也忘不了，因他而命名我市的一位古人——潘茂名。

［梆子慢板］（女）远在西晋时，高凉一位道士名医，他毕生悬葫济世，青史永垂、千秋崇敬。（男）后人尊佢潘仙，名字叫潘茂名，他德护高凉如山重，行医百姓保安宁。

［落花时节］（女）当日高凉地界，普天降下频频疫症。皆为恶旱烈日高温蒸晒。云开连绵绝岭，聚成疠气瘴风卷扫，致瘟疫形成。（男）瘟疫逞凶化灾劫，祸害百姓。夺命疫情一旦上身，高烧永叫不应。（女）哀笛长鸣，送葬绝喊悲不胜，十里百村不听鸡鸣。（男）疫症猖獗甚，凶残如狼长索命。灾祸蔓延无际，（合）不知何日停。

［南音］（女）潘茂名恨，对疫症恨填膺。惨睹百姓遭殃，急为农家诊病。

［转乙反］（女）面对凶残疫症，他把重责一身膺。为采草药救人，不畏险峰绝岭。日夜攀山采药，一刻脚步也不停。［转流水］（男）有次为救山民，他急爬浮山岭。特稀药少，戴月披星。突然一脚踩空，跌落深涧石径。

［乙反八字二黄］可怜他左腿骨折，痛得他气喘难平（拉腔）。

（女）（白）那时，跟随他一起采药的一位徒弟，急忙跑过来，要背他下山救治。（男）但是潘茂名坚决拒绝，说山下几百村民身染疫症，危在旦夕，怎能为我一人，耽误几百人的性命呢？他们等着草药救命呀，你快担起这担草药下山救人要紧。

［昭君怨尾段］（女）救人性命、救人性命，乃医者责本应。山下百千众人临绝境，盼拯救危难。（男）一刻千钧要力扑疯狂疫症。千村百里，黎民百姓。生死之急，生死之急。（女）你快翻山越岭，将药担挑回，将重责肩承，将疫症驱除绝净。为众生迎来捷报声，欢笑声。

［浪白］（男）你如果不急急把药担下山去救灾民，就不是我的徒弟，我们师徒之情就此一刀两断。（女）这样，徒弟只好含泪丢下潘茂名，挑起药担飞步下山。（男）村民得救了，然而大家听说潘茂名还受重伤留在山上，却感动得热泪盈眶，点着火把星夜上山援救潘茂名。（女）潘茂名用他一生的心血，多次驱除各种疫症，挽救了千千万万人的生命，使一种死亡率极高的疫症“脱皮病”在地球上绝迹。（男）后来，朝廷为了纪念潘茂名，将我高凉一带地域命名为茂名县，我们今天的茂名市也因此得名。（女）我们为有这么高尚而伟大的潘茂名而骄傲！（男）我们茂名人为我市有这么响亮的名字而自豪！

［走进新时代］（女）今天欢欣茂名人，齐来唱颂潘茂名。茂名八方皆兴，更喜昌盛繁荣。（男）誉满祖国，美丽名城，人们更觉心中骄傲。啊……春光美景不胜咏，齐来唱颂茂名。（女）长唱颂你国家兴，碧天彩云共唱温馨。长唱颂你一生驱症疫，为百姓健壮享安宁。（男）长唱颂你国家兴，家乡今天更光辉，山川秀丽，茂名人民永高歌勇胜。

（女）声声唱茂名，齐来唱颂潘茂名。喜看海天一色，更喜碧浪盈盈。（男）农业三高，远近闻名，绿翠遍野，果香飘盛。荔枝靓、青果美、香蕉劲，全球皆享誉盛名。（女）长唱颂你国家兴，碧天彩云共同唱温馨。长唱颂你一生高尚，百姓念你千秋英名。（男）长唱颂你国家兴，家乡今天更光辉山川秀丽，茂名人民永高歌、勇胜！（曲终）

潘茂名

1=bA 4/4

（男高音独唱）

周泽明 词曲

赞颂地　电视剧《茂名传奇》主题歌　唐彪 演唱

东山低首，
鉴江扬波，茂名功德，铭记山河，
千古悠悠，经天纬地抒壮志，济世扶危，
拯救生灵抗沉屙，驱魔除疫，恩泽高凉
一方土，丰碑巍巍，万世吟唱
渐慢
一阙歌，一阙歌，一
慢
阙歌。

四、书法

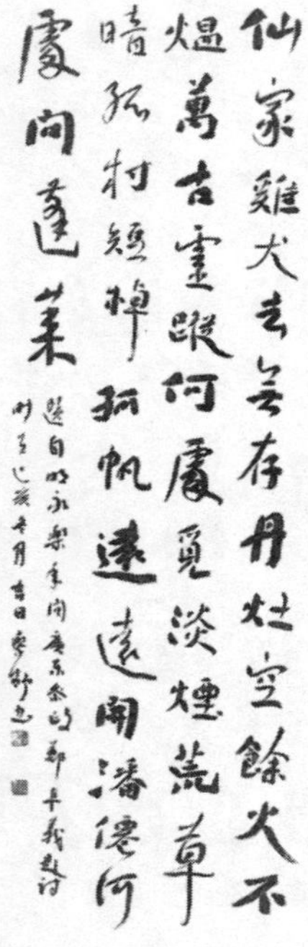

仙家雞犬去無存丹灶空餘火不
熅萬古靈蹤何處覓淡煙荒草
暗孤村短棹孤帆遠遠開潘僊何
處問蓬萊

中国书法家协会会员、广东省书法家协会理事、茂名市书画院院长廖静书

内容：仙家鸡犬去无存，丹灶空余火不熅。万古灵踪何处觅，淡烟荒草暗孤村。短棹孤帆远远开，潘仙何处问蓬莱。

说明：这是明永乐年间广东参政郑皋义题诗。

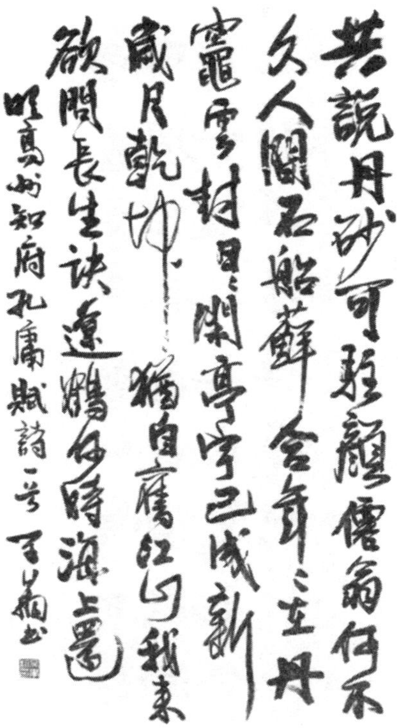

中国书法家协会会员、广东省书法家协会理事、茂名市书法家协会主席吴学翔书

内容：共说丹砂可驻颜，仙翁何不久人间。石船藓合年年在，丹灶云封日日闲。亭宇已成新岁月，乾坤犹自旧江山。我来欲问长生诀，辽鹤何时海上还。

说明：出自明代高州知府孔镛《石船丹灶》。

中国书法家协会会员、茂名市书法家协会副主席刘乃明书

内容：地有东郊胜，溪山信可夸。偶来因问俗，何意觅仙家。洞倚千寻古，炉蒸五尺霞。至今流水上，时或见桃花。

说明：出自明万历年间高州知府张邦伊《潘坡丹灶》。

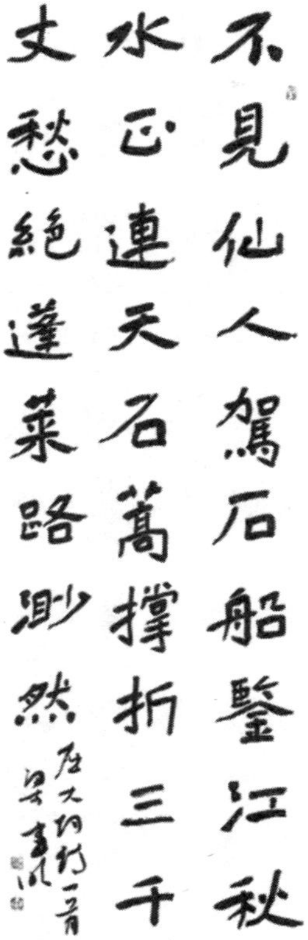

中国书法家协会会员、茂名市书法家协会副主席、茂名石化书协主席梁事明书

内容：不见仙人驾石船，鉴江秋水正连天。石篙撑折三千丈，愁绝蓬莱路渺然。

说明：出自清代屈大均《后高凉曲》。

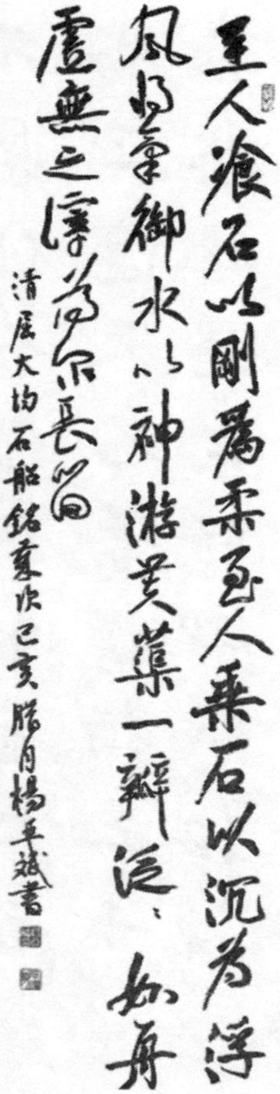

广东省书法家协会会员、茂名市书法家协会副主席、茂南区书协主席杨亚斌书

内容：至人餐石，以刚为柔。至人乘石，以沉为浮。风将气御，水以神游。芙蕖一瓣，泛泛如舟。虚无之滓，为尔长留。

说明：出自清代屈大均《石船铭》。

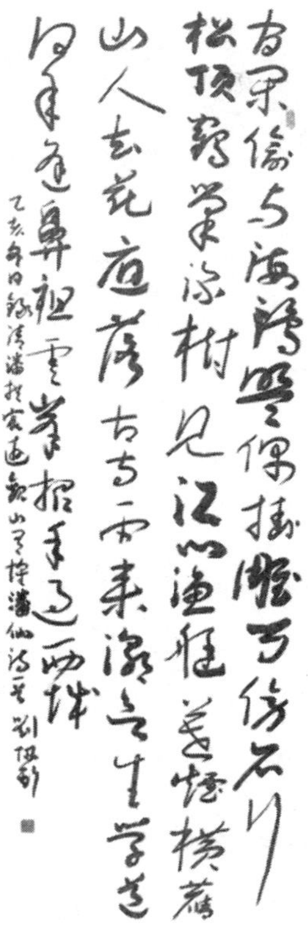

广东省书法家协会会员、茂名市书法家协会主席团成员、市女书法家协会主席刘佩斯书

内容：官闲偷与海鸥盟，偶挂雕弓傍石行。松顶鹤巢深树见，江心渔艇暮烟横。旧山人去花应落，古寺雨来潮欲生。学道何年逢鼻祖，云峰招手过西城。

说明：这是清代河北燕人、雷州参将潘拱宸作《游观山有怀潘仙》。

中国美术家协会会员、广东省美术家协会理事、茂名市美术家协会主席赖为朝书

五、形象

目前存世潘茂名人物形象最早在清代光绪年间出现的古籍。当代人民发挥丰富的想象力，包括雕像、塑像、人物扮演、美术创作、卡通描绘，展演不同艺术风格的潘茂名形象，寄托人们对1700年前岭南仁医的怀念。现收录部分。

根子超世寺的潘茂名画像

潘茂名卡通形象

潘茂名白描图

高州潘仙观潘茂名雕像

潘茂名塑像

潘茂名塑像

粤剧《潘茂名》的潘茂名形象

电视剧《潘茂名传奇》的潘茂名形象

“潘茂名文化”的概念及内涵

2019年3月在纪念茂名建市60周年丛书《点赞茂名精选集》中，中共茂名市委、市政府正式提出“潘茂名文化”的概念、内涵。

“潘茂名文化”是千百年来人民尊崇、信仰潘茂名过程中传承下来的物质及精神财富的总称，是一种岭南区域性文化。

后世对潘茂名的纪念、研究和发展，涉及范围主要在粤西地区，其内容包括：“好心茂名”精神的启元、粤西道教医术、道教金丹术、“内丹”及中医药理论、道教的道场（斋醮、法事）、年例主祭礼俗、“济世救民”的思想、“无为、虚静、守拙”的人生观、“拜潘仙”信俗、潘茂名诞辰纪念日、潘茂名中医药传承与技艺制作等。

（文/廖君）

潘茂名与“好心茂名”精神的关联

2019 年 11 月，我与广东的文史专家潘茂名文化传承人在反复研读清代古籍《潘仙全书》，在流传下来的潘仙签语第七十数发现，“济世有奇诀，救人须用心。三天曾纪录，四海尽知名。”这是指救人济世的奇诀在于用心，只要做到这点，就能天下扬名。

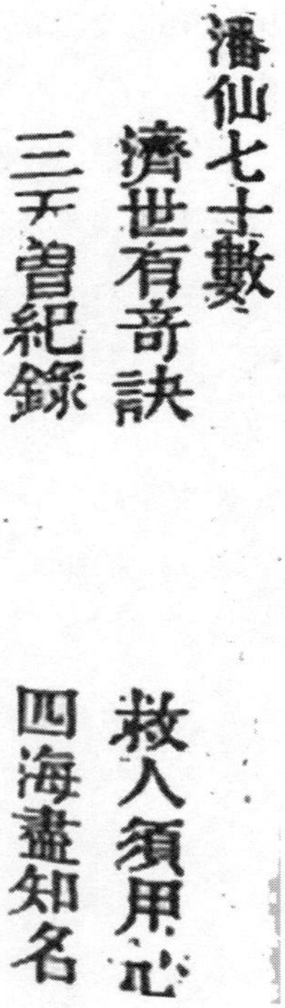
潘仙七十數
濟世有奇訣
救人須用心
三天曾紀錄
四海盡知名

2020 年 6 月在纪录片《潘茂名》剧本研讨会期间，我与中国作家协会副主席陈建功、中国作协《中国作家》原主编王山、广东省作协副主席张梅、著名作家张慧谋、著名考古学家邱立诚、广东石油化工学院教授卢诚、茂名市社科联主席郭亿万、茂名高新区管委会主任李确、茂名市纪委宣传部长何火权、茂名市博物馆馆长陈朝晖、高州文史专家张均绍、周泽明、文史专家吴超君、茂名市社科专家姜桂义等权威学者专家，集中研究探讨，最后统一明确观点："好心茂名"精神最初来源潘茂名，《潘仙全书》的"济世有奇诀，救人须用心"是充分的历史文献依据。潘茂名在80多年的生涯中，以道医身份一生悬壶济世，关爱民生，救死扶伤，扶危济困，体现一代岭南仁医博爱的情怀，这就是"好心茂名"精神的启元。

"济世有奇诀，救人须用心"与150多年后巾帼英雄冼夫人提出的"我事三代主，唯用一好心"，相辅相成，共同构建、发展、形成了"好心茂名"精神。

（文/廖君）

潘茂名的医学成就及后世影响

1. 潘茂名的“内丹”理论与康养学说

潘茂名发展了粤西的道家医学，对粤西道教发展有深远影响。潘茂名相信“习静虚无之说，炼丹上升之旨”，其道家思想出自“清静”“心印”二经。他认为，上药三品，包括精、气、神。强调“神能入石，神能飞形，入水不溺，入火不焚”等，这些都是道教“内丹”理论。道教认为，人是天地与阴阳冲和之气体造成，表现在精、气、神三方面，精为天，气为地，神为精气的化合。心神动摇，精气散死，反之则长寿。这些观点与中华传统养生理论相通。

2. 潘茂名的炼丹术与中医学理论

潘茂名早期属于道教的丹鼎派，最早由古代黄老道家发展而来。

丹鼎派分外丹与内丹。外丹，指用炉鼎烧炼铅汞等矿石药物，以配制可服食的金丹，盛行于隋唐前；内丹，大体上指把人的身体当成“炉鼎”，以自身精、气为药物，为神气相交结成之物，宋元以后取代外丹，流行至今。丹鼎派从追求“长生不死”出发，推动了我国古代化学冶炼、气功养生学的发展。

潘茂名的炼丹术发展早期粤西道家医学，他重视道教“外丹”。主张用铅汞配以其他药物作原料，放在炉火烧成丹药，有“点化”“服食”两种。丹药是中药药剂种类一个分支，兴于秦汉时期，是中国古代术士们开创成果。现代医药学发现，铅、汞作为炼丹常用原料，却是一种有毒金属，过量服食使人致死。但在1700年前科技落后的粤西地区，潘茂名等医学家是无法知晓的。

3. 潘茂名中医药文化传承

东晋时期潘茂名已经使用艾草来治病。艾粑是岭南最古老一种小吃，相传启蒙于潘茂名对艾草的药用。具有抗瘟疫的艾草叶掏成艾绒，加糯米粉和井水，成就了中医食疗的美味故事。

在潘茂名逝世后，生前炼成的“大还丹”“小还丹”“九转金丹”制作技法流传下来，现在粤西地区民间还留传潘茂名的万应灵丹方法。

历经千百年，经历南北朝动荡时期，在唐宋时期有幸传承下来。潘茂名中医药文化传承历经40多代，在风云岁月中不断发展繁荣，传承人有岭南名医、广东省名中医、市名中医、中医学博士、中医学硕士等。经调查有具体姓名事迹的，包括宋末元初时期的潘茂名第19代中医药传人丁道长，潘茂名第20代传人梁崇礼等。

帅堂梁氏第18代传人、清代岭南名医、潘茂名第37代中医药传人梁玉瑜，清朝乾隆年间在新疆担任镇迪道太守。亦仕亦医的梁玉瑜，口授《医学答问》，由浙江秀水陶保廉整理而成。梁氏家族医仕结合发展，坚持祖师潘茂名悬壶济世的理念，施医赠药，深受世人爱戴。

清朝道光年间，潘茂名第38代传人潘金福学成归来，隐居观山。据考证，潘金福传承弟子多名，包括鳌头人吴朝平，生于清同治十三年（1874年），16岁到高州府城高成仁记大药房做炊事，兼学医5年。高成仁记是潘茂名嫡传弟子的医馆。据考证，吴朝平成为潘茂名第39代中医药传人，他学成后到吴川梅箓开设岐生堂医馆，供奉潘茂名头戴方巾的画像，传承“济世救民”宗旨。吴朝平传授保健秘方和膏丹丸散技艺给儿子吴端岐，成为潘茂名第40代中医药传人。吴端岐又把医术传给长子吴汉（现是退休民间医生），次子吴超君（茂南区公安分局原副局长、文史专家）。吴超君儿子吴一冲，现为中山大学医学博士。

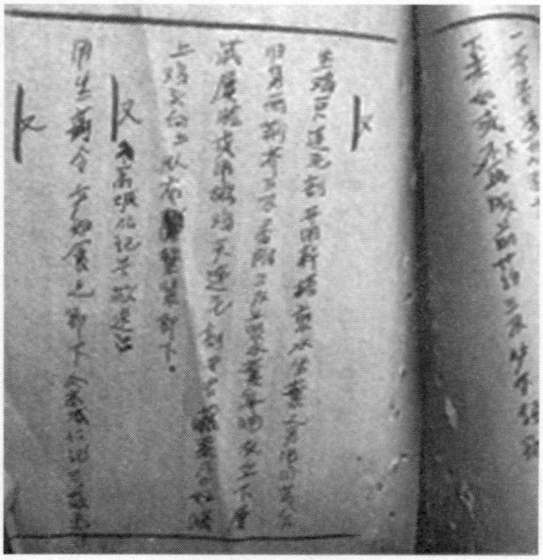
吴超君提供的祖传潘茂名中医药验方

潘茂名第39代中医药传人李茂佳，又名李进华，生于清同治八年（1869年），他在观山跟随潘金福道长学医，回到烧酒乡行医。他系统地继承潘茂名中医药学术思想，将医术传授陈伯缘、林巽权、李立万。三位徒弟都是潘茂名第40代中医药传人，医术医德在粤西地区独树一帜。陈伯缘是高州中医院创始人。林巽权医术民国时期声名远播，编著出版《水肿十四方》，被“南天王”陈济棠聘为“广东省伤兵治疗所军医”，广东独立第三师师长李汉魂送匾题词：“巽权医师大国手，仓扁第二。”生于1915年的李立万，17岁因病求医，后励志学医，受同村人李茂佳教授。先在分界广南医院行医，后来到高州中医院工作。林巽权、李立万先后成为广东省名医。

李立万的儿子李鳌才是潘茂名第41代中医药传人，是全国基层名老中医，他们父子都广东省名中医，现李鳌才退休后仍在高州中医院出诊。广州中医药大学博士江洪亮、柯俊羽拜李鳌才为师，成为潘茂名第42代中医药传人。2019年，茂名市科技局批复成立潘茂名中医药技术研发及产业化工程技术研究中心。高州市中医院定期召开潘茂名中医药学术研讨会。这些潘茂名中医药传人，依托现代科学平台，致力推进潘茂名中医药研究发展。

潘茂名中医药文化具有悠久历史，底蕴深厚。他创制方药具有预防、保健及治疗的效果。治病指导思想，比如阴阳五行，就是原始中医思想。强调修炼内心，对粤西人民心理特质起到一定影响。

4. 潘茂名中医药研究成果

为传承岭南中医药文化，这些潘茂名中医药传人，将数十条秘方献给国家。保留古法，结合现代技术，在茂名多家中医院用于临床。跌打酒、风湿膏、生精片、和胃片、香囊、肚兜、药枕，其中以高州市中医院研究成果杰出。

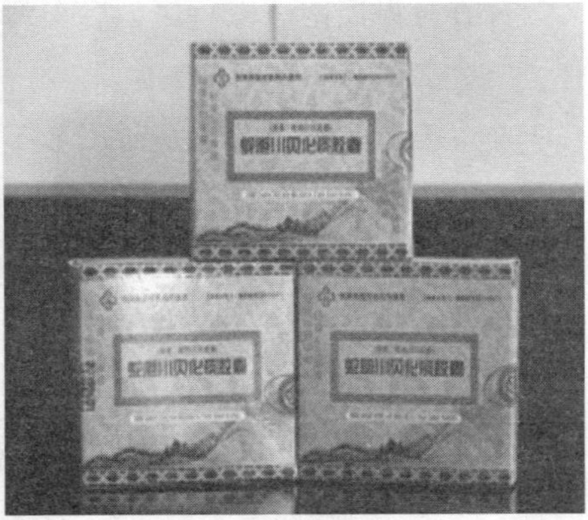

（文/廖君）

大型古装粤剧《潘茂名》剧本（节选）

内容简介：公元331年，高凉洪荒过后，疫疠四起，灾民纷纷外逃，正当高县令束手无策，高凉名医、县令岳父吴逸琰忽报出家20年的潘茂名已回浮山，众人大喜，县令与吴逸琰同赴浮山，请潘茂名出山救难。县令夫人吴思灵本与潘茂名曾有婚约，闻言百感交集，想起与茂名往日情谊，感慨万分。

潘茂名离家20年，精修医道，名声在外，回到浮山，深知高凉瘴疠严重，瘟疫将发，与徒弟小师日夜炼制丹药抗疫。县令与茂名前师吴逸琰到来报告观山疫情，引发了对吴思灵的情感，又佩服高县令的官德人品，决定与吴逸琰、吴思灵组成一团对抗瘟疫。潘父、潘母急于茂名的婚姻，难舍茂名下山，茂名以苍生为大，舍弃小家，泣别父母，带着高县令、吴逸琰、吴思灵、小师夜以继日地与瘟疫搏斗，疫情得以控制。面对吴思灵对潘茂名的旧情，高县令的情感也饱受折磨，在大局面前，仍让夫人思灵跟着茂名。他深知，唯潘茂名可救高凉。

朝廷祭天，钦差孙彪虎传旨潘茂名上京主持祭天大典，高县令有意包庇潘茂名，钦差搜衙，衙差将潘茂名藏于思灵房中，避过搜查。

吴思灵巧妙支走钦差，衙内只剩思灵与茂名，怨侣重逢，爱恨交加，十年之痛，思灵对茂名的爱、怨、恨，潘茂名深感愧疚，割爱存义、正视现实。高县令深感潘茂名品格擎天、大义凛然。正在治病救人的潘茂名被孙彪虎发现锁起，准备与高县令一齐押送入京复旨。雷海驻军副将潘茂高飞报雷海疫情，不少驻军带疫外逃，疫情将向全国传染，危及国家。孙彪虎意识到事态严重，甘冒抗旨之罪，让潘茂名前往雷海救援，自己舍身报国。

一场将蔓延全国的瘟疫被潘茂名扑灭，晋帝赐封茂名为茂名县令，高凉县易名为茂名县。公元 371 年（本著作补注：潘茂名逝世日期 373 年），潘茂名牺牲在抗洪救灾的工作中。人民传说他修成正果，得道成仙，驾鹤飞升了。后人立潘仙祠祀之，并州其姓，县其名，市其名。

人物表（按出场先后排列）

潘茂名——男，41~81 岁，岭南名道（本著作补注：潘茂名享年 83 岁）。

小　师——男，约 18 岁，潘茂名爱徒。

潘茂高——男，出场时 38 岁，潘茂名胞弟，后册封晋安君。

吴逸琰——男，出场时 50 多岁，高凉名医，与潘茂名亦师亦友。

吴思灵——女，吴逸琰爱女，15 岁与潘茂名订下婚约。25 岁解聘嫁与高县令，出场时 35 岁。

高县令——男，高凉县令，出场时 38 岁。

衙差甲乙——男，高凉县衙差。

老司吏——男，县衙司吏，出场时约 50 岁。

孙彪虎——男，朝廷钦差，30 多岁。

侍卫甲乙——男，钦差随从，约 30 多岁。

高大嫂——女，高凉村妇，出场时约 30 岁。

狗　仔——男，高大嫂儿子，出场时约 8-23 岁。

男女村民——各若干人。

晋穆帝——东晋皇帝。

桓　温——朝廷高官，司兵卫。50 多岁。

司马邱——朝廷高官，辅国太师。50 多岁。

众侍卫、太监、宫女若干人。（舞蹈演员）若干人。

第二场

［县衙后院、假山、石桌、石凳、斑竹。］

［出场人物：高县令、吴思灵、衙差甲乙、潘茂名、小师。］

高县令　（疲惫地上唱“醉头陀”）

县令做左十数载

未曾一日安乐过

日夜奔波为抗灾

人行衰运天为祸

要消灾、要灭祸

有幸道长掌大舵

有先知、有筹谋

救命良方准备妥

（　唱“滚花”）

众志成城齐出力
衙门已成指挥所
我组织采集山草药
东奔西走抗病魔

衙　差　大人汤药已经煮好了

高县令　好快组织大家去送药

潘茂名、吴思灵上，高县令迎上

吴思灵　阿爹你辛苦了
你去休息一下先走啦

吴逸琰　唔得我要回观山
道长叫我睇住炼丹火候

吴思灵　阿爹
道长制药你帮手
所需之用你细备筹
爹是名医有成就
跟住道长为何由

吴逸琰　道长行医更精透
比爹医术更胜一筹
抗疫疾制金丹
我们共同来研究
防瘟辟疫斗病魔
做足准备早筹谋
我儿思灵
为父早已将医术传授与你
若得道长真传点拨

可为高凉百姓治病分忧

吴思灵　我正想拜潘道长为师

不知可否

吴逸琰　你已是高县令之妻

若在道长身边学医

只怕县令他……

吴思灵　他他心思我早猜透

他怎样想

我夫他对道长倾慕已久

常提起道长他品学兼优

心向道也曾经把心迹剖

做县令倒不如出家云游

不绝天灾他苦透

朝廷问责压心头

道长回乡有帮手

感激不尽涕泪流

他一天不见道长面

念念不休魂不守

吴逸琰　你不讲我也知道县令心思

如今高凉水患不绝

疫疠不灭

朝廷问责下来首当其责

正是一县之主

如今有道长在

高凉就有希望

我们应该多关心关心他

吴思灵　爹我知道了

我要回观山了

潘茂名　下乡治疫解民忧

不识三餐无时候

幸得众人齐心协力

共抗病流

高大人镇守县衙

我往灾区奔走

各有分工

同把灾情拯救

人可胜天作筹谋

高县令　潘道长你回来了

道长你辛苦了请坐

潘茂名　高大人观山情况如何

道长请听

[梳妆台]

道长你莫忧

监管做足够

我早已经分工

落实到人头

全县乡亲都有人守候

一有消息即刻报

道长你莫愁

[剪剪花]

愁云常密布

疠瘴惹人忧

山岚风飘臭

浊水流病垢

瘟灾似癫狗

最凶险

要小心关注疫情瘟病流

[荡舟]

做县令责非轻

道长吩咐我行头

此际苍生须自救

不敢儿戏防病流

吴思灵　你们过来饮碗凉茶啦

高县令　夫人你回来了

　　　　道长请坐道长请

　　　　潘茂名大人请

吴思灵　道长虽是救人要紧

　　　　但你的自身安全也要小心

潘茂名　高夫人放心我没事

　　　　只是如今……

[吴思灵斟茶献上，县令欲接，思灵避过给道长奉上，再拿扇子给道长扇凉。]

[高县令看在眼里，酸在心里，夺过扇子为道长扇凉。]

潘茂名（唱“快中板”）高温湿热人难过

　　　　　　　　　　　天气异常毒虫多

高县令（接唱）道长吩咐我记清楚

今日采药几十萝

潘茂名（白）这就好

（唱“三字经”）已炼丹，数万颗

你夫人，贡献多

（滚花）我们一心抱成团

要与瘟疫来搏过

高县令 （白）这当然。（为道长续茶，道长饮茶。拉吴思灵另场唱“减字芙蓉”）

不见少时你人变瘦

到底你在做什么

吴思灵（接唱）丹药研制在观山

你啰啰嗦嗦实不妥

高县令（接唱）你出外离家我心挂记

又担心你两个暗结丝萝

吴思灵（白）我两个……

高县令（接唱）又因我有人靓老婆

怕闲话招来唔多妥

吴思灵（接唱）是你叫我去炼丹制药

几日时间都信不过你老婆

（白）好啦

我唔炼了

在家守住你

高县令（急接唱）药要制，丹要研

讲来讲去都是挂老婆之过

吴思灵　（故意地白）潘道长

丹药已炼了咁多

我不想再炼了

潘茂名　（白）怎么？厌烦了啊

吴思灵　（白）县令心里……清楚

潘茂名　（浪白）高大人

你不是要跟我学医问道么

要修医道

先从炼丹制药入门

道家的主义是以人为本

炼丹救人

这才是问道第一课

要救高凉百姓

必须每人备足金丹 3 颗

高县令　（尴尬地白）夫人操劳日见瘦

我实在心疼

吴思灵　（白）是你心多了

怀疑我

潘茂名　（白）高大人

我知道你心疼思灵

面对随时爆发的瘟疫

再多的人手也不够啊

思灵是瘦了

你心疼，我也心疼呢

（唱“雨中行”）

天灾不断疠瘴传播多

天灾必然必然多病祸

病害即将即将暴发呀

不要再犯傻

人要自救消灾祸不要拖

最紧要是人人能避过

共同来面对齐心干

不能存心魔

岂可岂可全顾家眷老婆肥还瘦

要为百姓降妖伏魔

切莫蹉跎。

（白）高大人

我知你是个好官

思灵是个好帮手

现在是非常时期

我们少不了这个帮手啊

（唱“滚花”）防疫工作做不完

岂能心生杂念自折磨

高县令（接唱）我只是心中有酸楚

老婆我并非信不过

衙差甲 （急上报）高大人

大件事

东村出现疫情

高县令 （急得团团转）潘道长

如何是好

[闷雷翻滚霹雳一声，众人呆然，情景音乐响起。]

衙差乙　（急上，报）高大人

大事不好

西村多人病倒

高县令（魂飞魄散）哎呀又报西村

潘茂名（神色凝重白）果然不出所料啊

幕后合唱（改为潘唱）：洪灾刚过降病魔

高凉祸劫何其多

暴发人瘟苍生苦楚

做个高凉县令苦楚多多

道长快献策出谋

救救高凉救救我

潘茂名（“快中板”）瘟病情况怎么样

是否打摆又哆嗦

衙差甲（接唱）打摆三天吐鲜红

鲜血吐完人就死咗

潘茂名　（白）高大人！（唱“三字经”）

封锁疫区，切莫蹉跎

凶险病源，毒蚊传播

蔓延全县，悔不当初

（快中板）速发金丹见人一颗

熬制汤药要煮大锅

灭蚊辟疫堆生烟火

共赴疫区不可延拖

（白）高大人，你快召集人手到东山各村做好防疫措施高县令好！

潘茂名思妹，你与我到后村送药莫延迟

高县令（唱“滚花”）道长安排听清楚

决战瘟疫急鸣锣

[鸣锣、音响、收光造型。]

落幕

第三场

[县衙大堂]

[出场人物：老司吏、衙差甲乙、钦差孙彪虎、侍卫甲乙、高县令、潘茂名、吴思灵。]

[字幕：东晋咸康六年（343年），南夷地域瘟疫流行，疫情凶险，迅速漫延。潘茂名组织的医疗防疫队伍，日夜不停地施药救人，高县令已三天不回衙。]

幕后合唱：高凉不幸祸连天

人瘟凶险救不完

潘道长啊潘道长

日夜奔忙在乡村

[大幕在歌声中徐启。]

老司吏（身佩葫芦，无精打采上，唱“滚花”）

县令下乡未回转

我独守县衙已三天

未知疫情搞成怎

几天几夜不成眠

［老司吏哈欠连天，支撑不住，伏案睡去。］

［内场高呼圣旨到，连呼三声无人应。］

［孙彪虎与侍卫甲乙直闯大堂、高喊圣旨到。］

老司吏　（迷迷糊糊地）到什么到
　　谁到我都顶唔顺了
　　我都三天三夜未睡过（欲再睡）

侍卫甲　（提起老司吏）圣旨到
　　高县令接旨

老司吏　（惊醒，看清来人，急趴下）高县令下乡去了
　　县衙就得我一人当值
　　如果我可以代理……

孙彪虎　（气怒，唱“快中板”）
　　老衙说话不检点
　　戏弄本差火飙天
　　快去找寻高县令
　　立即要把圣旨传

老司吏　（白）我这就去（欲下，又站住）
　　我不能去

孙彪虎　（怒白）你去也不去
　　老司吏我不能去（唱“滚花”）
　　我当差几十年
　　只听县令一人差遣
　　我的职责是守县衙
　　要传圣旨你自己传

（白）如果我能代理

请把圣旨留低

等县令回来我代转

如果你信唔过我

要找高县令

就到乡下去找

孙彪虎 （气极）你？……（唱“滚花”）

堂堂钦差

连个司吏都搞唔掂

老司吏（接唱）钦差司吏都是差

各司其责理当然

孙彪虎 （强忍怒气）好啦

县令到底在哪条村

我自己去找

老司吏 （白）可能在西村

也可能在东村

或者在南村……

孙彪虎 （招呼侍卫）走（欲下）

老司吏 （大喝一声）且慢

你地还不能走

孙彪虎 （奇怪）我地不能走

老司吏 （白）高凉已发人瘟

潘道长有令

进入疫区

先服大还丹一粒（亮葫芦）

以防感染

孙彪虎　（犹豫地）这……

老司吏　（取出丹药）大人如不想死

请服用（递上丹药）

请……

[钦差、侍卫接丹吞食，急下。]

老司吏（唱“滚花”）高凉惨状，钦差应有眼见

不知何故，却有圣旨急传

[高县令与衙差甲乙均身佩葫芦跌跌撞撞地上，甲乙衙差倒地便睡。]

高县令　（拉住老司吏白）夫人是否回府衙

[老司吏摇头。]

高县令　（唱“苦喉长句滚花”）

高凉县，瘟疫传

百姓苦难说不完

人瘟夺命命太贱

多少百姓，命丧黄泉

家破人亡，横遭惨变

潘道长，良方献

药到病除可回天

挽救黎民夜不眠

治瘟医人连轴转

开方用药似神仙

（转“昭君怨”中板）

我人疲倦，我神疲倦

遍身肉痛酸

太太与茂名，寻未见

数天未见人

不知他俩是否能应变

找到西村，他去东村

村村查遍，不见夫人

生怕夫人，也神疲力倦

我心在挂牵

老司吏　（白）大人，你不是和夫人一起么

高县令　（白）我负责组织清污、熏蚊、布防

夫人和道长负责医疗

分工不同，难得碰面

算了，我去睡一阵

（欲下）任何人都不准打扰

（欲下回头）夫人除外

老司吏　（白）大人，钦差来呢

高县令　（一惊）钦……差

老司吏　（白）传旨的

到西村找你呢

高县令　（白）我在东村呢

让他找吧

皇上来我都……

要睡一刻

你也睡一刻吧（下）

[老司吏打哈欠下。]

[孙彪虎与侍卫直闯大堂，见两衙差在呼呼大睡，擂响堂鼓，

高呼圣旨到。]

[两衙差迷迷糊糊地：谁个击鼓?]

孙彪虎　(高呼) 圣旨下……高县令接旨

[两衙差急跪下。]

高县令　(急上跪下) 高凉县令接旨

孙彪虎　(宣旨) 奉天承运

皇帝诏曰　今国家北旱南涝

灾危不绝

国运不济

择日祭天

以匡国运

着高凉县令偕道长潘茂名三日内进京

设坛起祭

钦此

高县令　(左顾右盼地白) 钦差大人

高凉人瘟暴发

潘道长为扑瘟疫

日夜不停

四处奔走

我都不知所踪

如何是好

侍卫甲　(揪住高县令) 快传潘茂名

如果误了祭天

皇上饶你

司马大人都不放过你

高县令　（另场唱“中板”）

未过人瘟圣旨来传

釜底抽薪怎打算

这钦差逼人咄咄

想方设法与他周旋

（花）隐藏道长茂名

以抗高凉瘟灾凶险

（高喊）衙差听令

速传潘道长

［衙差甲乙欲下。］

高县令　（拦住衙差另场吩咐）见到道长即刻把他藏好

如果钦差带走道长

怎抗瘟疫凶险

（故意大声）速传道长

不得有误

衙差甲乙　（白）知道！（急下）

高县令　（突然跪下，“口鼓”）钦差大人

高凉瘟情你亲眼见

道长一旦入京

高凉人瘟难断

求钦差大人能把潘道长——多留几天。

孙彪虎　（迟疑）这……皇命难违

不见道长

你我都唔掂

［衙差甲乙急上。］

衙差甲　（白）报——东南西北找遍

未见潘道长

高县令　（拦住衙差甲高声地）此话当真?

衙差甲　（白）当真

（另场压低声）刚出衙门不远

正好夫人与道长回衙

情急之下

把道长藏在夫人房内

高县令　（紧张地白）你明知夫人与道长青梅竹马

如果日久生情

怎可以……

哎呀大件事

衙差甲　（白）士急马行田

这样藏得好

看似危险

实则安全

[侍卫觉察，与钦差私语。]

孙彪虎　（怀疑地抓住衙差甲白）唔，藏?

（对高县令）潘道长就在县衙

（唱令）侍卫！与我搜

[侍卫甲乙急下搜查。]

孙彪虎　（紧盯住高县令白）你说什么大事件?

高县令　（白）找不到潘道长就……大事件了

侍卫甲　（报上）钦差大人

连夫人房都查过

道长不在县衙

孙彪虎　（警觉）夫人

不是和道长一齐么

高县令　（急接）是一齐

现在肯定不一齐

我夫人比我回得早

侍卫甲　（白）夫人正在更衣

未见道长

高县令　（苦涩地另场）夫人正在更衣

未见道长

明明两人

（唱“滚花”）

为把道长收藏好

我跌落醋缸不知酸

吴思灵　（急上白）老爷

何故官差搜衙？

高县令　（故意大声白）皇上下旨

要传潘道长入京

吴思灵　（白）要找道长

问我便知……

高县令　（惊）夫人

你……知道？

孙彪虎　（喜）

吴思灵　（镇定白）道长叫我回衙取药

他赶去山南村……

[高县令终于放心。]

孙彪虎　（白）高县令

与我同去山南村

高县令　（白）大人

　　　　我衙内还有急事……

孙彪虎　（震怒）快走

吴思灵　（白）老爷去吧

　　　　皇命在

　　　　身不由己

高县令　（无奈白）夫人啊（唱快中板）

　　　　衙内之事多检点

　　　　干柴见火最易燃

[侍卫喝高县令与衙差等人同下。]

吴思灵　（目送众人下，思绪万千地唱“十字二黄”）

　　　　听夫君话中话

　　　　怕我心起情念

　　　　青梅竹马

　　　　儿时早倾恋

　　　　潘茂名上，闻声止步静听

　　　　我情牵潘茂名

　　　　梦中记挂

　　　　记挂廿年

　　　　缕缕情丝

　　　　焉可轻言拉断

（唱“江河水”）

　　往事记起心中暗凄酸

　　往事记起我魂颠

　　潘家已明媒行聘小女子订婚眷

　　岂知当时茂名已经无心结凤鸾

离别铸成恨怨天，我自空挂念
我苦盼了十年，哭喊了十年
经潘父爱怜痛惜伤心解聘
我父为我选夫出嫁
到今天屈指算来
寒暑春秋月圆月缺又十年
我曾切身将他苦苦恋
痛恨此生我无缘
却始终未了情难断

潘茂名　（另场接唱“江河水”）
听她痴心苦恋我心不安
只因我负了情负了心
纵使她有千般爱我却出家早了断
莫再因她记前缘

吴思灵　（另场接唱“江河水”）
奴心虽有万言千语
只好暗吞咽

潘茂名　（另场接唱：“江河水”）
愿她此生夫妇俩
互爱相亲相伴百年

［音乐延续，两人在音乐过门时见面。］

潘茂名　（注视吴思灵“浪白”）夫人
你……落泪了？

吴思灵　……（掩饰“浪白”）我……我为苍生伤感而泪

潘茂名　（接“浪白”）阴差阳错
误入房中

于礼不端

吴思灵　（接“浪白”）衙差此举

擦我愁肠

乱我方寸

（续唱“江河水”）

不顾男女之间要避嫌

只有避过钦差搜衙院

［高县令急上，见状潜身。］

吴思灵　（趋前“浪白”）茂名哥——

你真的终身不娶啊？

潘茂名　（退避“浪白”）还是叫我道长吧

既负了你

岂敢再负他人呢！（续唱“江河水”）

茂名无愧不守婚姻他方远去

专修道已净六根

为济苍生已无杂念

实在我是负你心

我自舍弃佳丽

不是我无情家国总是情

家事国事最揪心

身已属道必须出家奔走行道大众，

只好背离父母双亲

放下小家与婵娟

吴思灵　（另场接唱“江河水”）

听罢道长修身济众生

更令我心百样转

我始知他心爱无边

高县令　（旁唱“反线中板”）

抛却私情存大爱

茂名品格可擎天

听得两人肺腑言

难怪夫人存怀念

（散板）暗生妒意，有口难言。

［幕后喊：钦差大人回衙。］

高县令　（吃惊白）……道长快走

潘茂名　（白）我为何要走？

高县令　（白）钦差到处搜你

潘茂名　（白）高凉人瘟未灭

我不能走

高县令　（白）他们要带你上京祭天啊

高凉百姓系你手

思灵带你后门走

（喝令茂名）坑北村等你去救啊（推茂名下）

［孙彪虎与侍卫急上，老司吏与甲乙衙差跟上。］

孙彪虎　（唱“快中板”）

抓住圣旨周围转

为寻道长村过村

莫非县令将我骗？

指东在西受颠连

（大喝一声）高县令！（唱“滚花”）

到底道长在何方

东南西北都不见

高县令　（作势唱“滚花”）

如果道长不见，皇上追究我命完

我想道长茂名，必在这高凉地面

孙彪虎　（白）高县令

你是否有意把道长收藏

让我晕头转？

高县令　（英雄白）大人

你说我收藏道长

县衙之内

请你再搜一遍

想我高凉

也属朝廷一县

高凉人瘟凶险你有眼见

唯有道长

可救高凉

就算我把道长隐藏

也情有可原

孙彪虎　（震惊续白）高县令

胆敢抗旨？

你有几个人头可断？

高县令　（续白）我一个人头何足惜

百姓乃国之基石

不可动摇

潘道长就在百姓里边生死相连

你岂能见面

孙彪虎　（旁唱“滚花”）

县令说话针针见血

我枉作钦差把圣旨传

高县令　（白）大人！（接唱“滚花”）

你速速回朝报疫情

当心人瘟全国传染

孙彪虎　（无奈地唱“沉花”）

哎呀呀

我这个钦差做得好呀

落幕

纪录片《潘茂名》解说词（节选）

第一集　寻踪东南

公元前 218 年，一支秦朝军队由广西越城岭进入岭南，这是历史记载第一次大规模中原人南移。这是南越国的地界，距离兴安灵渠千里的古高凉地区，地广人稀，山川秀美，通过梧州，古高凉地区逐渐受到中原文化的影响。

断发，椎髻，跣足，喜好铜鼓，用鸡骨占卜，千年来百越人的习俗开始与中原文化发生碰撞。他们不喜欢跣足文身，尝试耕读传家。遥远的中原，成为他们心中景仰的文明。

……

两百多年后，隋文帝、唐太宗分别颁令，以潘茂名之名与姓设置县州。一千年后设置为地级市，现演化为一种精神，一种岭南文化符号。

这位原叫潘茂的人物成为传奇，传奇再变为神仙，真实的潘茂名越走越远，只留下一个仙化的背影。我们试图从唐宋古籍文献，从明清府志县志，从《潘仙全书》《高州府志》《茂名县志》之中，综合考古资料，还原鲜活的历史人物，从潘仙回到潘茂名。

高凉风光旖旎，民风淳朴，人们逐步开始耕读生活。

偏于中国南方边陲，古高凉相对愚昧落后。

……

“常以濒居越海为嫌，欲瞻中国之盛”。潘茂名决意走出家乡，去见识广袤的中国，实践心中神圣的梦想。

……

回望西边千里之外的家乡，暮色苍茫，高凉已远。

潘茂名迎来一种前所未有的孤独。

其实他不是第一次看海，东南沿海气象令他流连忘返。

这里山色奇丽，曲径幽深，气象万千。潘茂名无暇观览，他饥渴交迫，九死一生，他只有一种信念支撑，继续走，一种神圣在前方。

……

西晋太康元年，新都郡更名新安郡，在今天浙江省淳安县西北。地处白际山脉与千里岗山脉之间，奇山异水的新安江迂回在这里。淳安盆地得天独厚，钟灵毓秀，是徽派文化和江南文化的融合地。

……

尹山，历来是淳安的古刹名山。不难想象，千里迢迢而来的潘茂名，在梓桐源深处，徘徊在尹山古道的他经常陶醉。

这个仲夏的邂逅，注定写入历史。

潘茂名进入石室，两位老道士在石台愉快地对弈。

面对晋代方士的仙风道骨，潘茂名是如此的着迷，他们举手投足，定格为历史的一瞬间。彼此之间对话，越过千年依然保存在多种古籍之中。

……

尹山石室，其实早已开始漫长的等待。

潘茂名出现或许在冥冥之中，一种心灵的契约。每天的起早摸黑，山水对话，问道本草，捣制丹膏散药。他潜藏山谷，冬去春来，闭关潜修，无论魏晋。

……

公元330年，东晋咸和五年，郭道士来访尹山石室。他与潘茂名相见恨晚，彻夜长谈。

长期的山野修炼，刀耕火种的生活，剑术，五禽戏，给了潘茂名壮实的体魄，为日后艰巨之旅提供了可能。

……

在建康城休息了几天，他捕获一条至关重要的消息，决定立即离开建康，寻找茅山道观。

今天成为全国道教重点宫观的茅山，是道教上清派的发源地，著名道士陶弘景曾结庐在此修炼。更早以前，相传西晋的葛洪、潘茂名学问此地。正史没有记载，但明清文献佐证不少。《茂名县志》记载，潘茂名在茅山探访张玄宾。

……

两千五百年前，一个叫李耳的老人在终南山古楼观留下5000余字经文，飘然而去。历经周折，800多年后在茅山传授给来自高凉的潘茂名。这是一次千年的道德际会，彼此之间从未谋面，再也无法见面。

……

张、潘的交往，搭建了一条道教文化岭南传播的快车道。

咸和六年的夏天，归途前的潘茂名探访了葛洪，句容是葛洪的故乡。这位三国著名高道葛玄的侄孙，是古代中国极具传奇色彩的人物。

潘茂名与葛洪攀谈甚欢，包括他在新都石室修炼丹砂术的经历，表示回家乡炼丹济世。葛洪对潘茂名想法十分支持，咨询了南方丹砂原料情况，为日后任职桂东南提供参考。

公元 331 年，潘茂名终于回到故乡高凉。

潘茂名不是神话传说，是真实历史人物。正史没有具体记载，但唐宋以来多种文献有记录。这可能与晋代粤西地区落后有关系。

……

相传潘茂名与葛洪在罗浮山论道炼丹，开创岭南道医的先河。在今天的青蒿园、洗药池、稚川丹灶，仿佛还能看到东晋时他们的身影。

……

找到葛洪时，在昏暗的勾漏山洞之中。

一对师兄弟，跨越数千里的相会岭南，缔造了道医的传奇故事。

……

盛夏的粤西，很早开始溽热了。

大清早，丁宗猴道长从高州潘仙观出来。为这一天，他等待了许多年。

山路坎坷曲折，摄制组跟随丁宗猴摸索前行。

高州根子镇亚盘村，相传潘茂名出生地，历史上的潘坡村。村庄在浮山岭半山腰，山谷幽深，云雾缭绕。一千多年过去，山村发生太多事情。现只有盘姓的村民，零星几户。他们以潘茂名为荣，一种古老而飘渺的荣光。

丁宗猴来往亚盘村不知多少回了。

始建北宋的浮山冼太庙，“潘州福地”，是世人清晰的铭记。

走进旁边的根子超世寺，这是20世纪80年代在潘茂名故居遗址重建纪念性建筑，取意“超凡入圣，世居道浓”。墙上漫漶的潘茂名画像，临摹于清代古籍《潘仙全书》，这是存世最古老的潘茂名形象。

山野天色渐暗，在潘茂名故居遗址土地上，穿越千年，同样的浮山岭，同样的高凉地，我们仿佛听见当年潘氏大院热闹的人声。

在亚盘村的后面，还有一座霞洞超世寺，石船村。

高凉山歌：邑有仙人名茂名，丹邱访道悟棋枰。蛇窦雁行通易理，丹砂白石恣煎烹。别有大还成九转，出郭悠然任意行……

跟随周泽明走进高州冼太庙，寻找那半截石船。由于多种原因，无法挖掘台阶下石船遗物，这里是广东省文物保护单位。据说另外半截石船，埋在潘州公园池塘。

……

喧嚣的街市，车水马龙，还有周泽明的叹息。繁华的城市，掩饰不住一种岭南文化的失落。

在高州城区，我们与古老的美食不期而遇。

艾粄，岭南最古老的小吃。相传启蒙于潘茂名对艾草的药用。具有抗瘟疫的艾草叶掏成艾绒，加糯米粉和思前井水，揉团，添馅，上笼，水蒸，旺火，点印。充满诗意的作坊流程，艾草素、膳食纤维邂逅了糯米的支链淀粉，成就了中医食疗的美味故事。

……

距离高州 490 公里的广西桂林，有一处岩洞同样令人向往。

历史总在不断地迂回。由东南寻踪之旅，到岭南两广跨越，历史在穿越，潘茂名的遗迹遍布粤西大地。

潘茂名可能没到过终南山的楼观，但他吸收了张玄宾道家精髓，传承了老子李耳的哲学精华，劝喻世人返本归真，清静心气，顺从自然法则，广修道德。“兴施雨泽，救济苍生”贯穿了他的一生。

潘茂名与葛洪一起，开启了岭南道医的先河，创造了一个又一个的传奇。

第二集　高凉传奇

浮山岭的潘坡村，在古高凉地区并不显眼。

这两天村庄有点特别。古代家庭临产，由于医学落后人们常常如临大敌。难产，在外科医学落后的晋代，是致命的危机。高凉大户潘家倾巢而出，四下张罗。紧张的气氛，影响了篱笆院落内每一位家人，他们忧喜交织。

这位长者叫他潘为业吧。历史文献没有明确记载他的姓名。他是当地俚人“都老”，村落的首领。他晚年得子，喜出望外，但忧心如焚。

接生盆的热水凉了，再热。潘为业来回在干栏下踱步，焦急地守望二层的产妇，他不知所措。村子的人也在篱笆墙外守候。这个婴孩的出生，似乎不同寻常。

暮春的清晨很漫长。潘家大院折腾了一宿，小家伙终于降生。随着一声响亮的长长啼哭，山村开始热闹，潘家迎来了吉祥的喜庆。平安的鞭炮声，报道一个新生的故事。

潘茂名的出生，披上一种神秘的色彩。这是公元 290 年，西晋太熙元年，农历三月二十四。

……

钟灵毓秀的浮山岭，1700 年前经常迎来一群野孩子。爬山崖，看日出，寻石涧，掏鸟蛋。

有一种东西好像与生俱来。野菊花，芳香的佩兰，能止血的艾叶，祛风活血的鸡血藤。对话天地间，岭南本草为潘茂名洞开了斑斓而神秘的世界。

……

20 年的东南求学修炼，全塑了一位史诗级人物。

作为粤西文明的传播者，面对潺潺的鉴江，新都石室的恩遇，葛洪的惺惺相惜，张玄宾的彻夜长谈，对老子哲学的感悟，高凉与江南的巨大反差。一种前所未有的豁达，奔袭而来。潘茂名不再迷茫，他觉得任重而道远。

……

公元 331 年，东晋咸和六年。潘茂名归来隐居西山，在今天高州观山。

樵夫的山歌越过鉴水，已飘荡千年。茎园的药草，不满足方圆百里的芬芳，与“龙湫之泉”的井水相得益彰，演绎了多少救死扶伤的故事。

……

张均绍喜欢站在笔架山，眺望潘州古城，古代这里是高郡主山。他感叹岁月的变迁，和身体的每况愈下。

公元 1982 年 3 月，张均绍任高州县博物馆馆长。这是一个阳光明媚的上午，偶尔一次文献整理，张均绍在明万历《高州府志》发现“丹灶亭”的白描图。他如获至宝，这是唯一的“潘坡丹灶”古籍资料。

……

由高州图书馆出来，张均绍揣着一本《潘仙全书》。

走过高州冼太庙，潘仙祠。在现代建筑包围中，熙熙攘攘，1000 多年前的潘坡、丹灶、石船荡然无存，张均绍惘然若失，但回家身影并不孤单。因为，一路有潘茂名同行。

……

丹药以矿物质为主的合成药物，中药药剂一种分支。

葛洪曾经说过，丹砂主要成分硫化汞，其实是毒药。潘茂名在这种社会氛围下修炼服食之法，是必然选择，但对后世中医药丹膏的研发意义重大。

……

找到李世晓，他正在为茂名粤剧团疫情期间演出担心。每年春季是他们最忙碌的时期，在粤西地区有年例习俗，往年演出档期满满。2020 年很特殊，春夏两季一切文娱演出取消。作为一团之长，他忧心如焚。

……

公元 342 年，东晋咸康八年……

这估计是现代类似的恶性疟疾，蚊子感染的虫媒传染病。历史文献没有记载当时药方，但青蒿、艾草产量丰富的高凉，这两种中草药功不可没。1000多年后，青蒿素对疟疾有效作用已经证明。

……

潘茂名，东晋以来世人慢慢淡化了他道家身份。在道医盛行的时代，对他寄以仁医信托，与符箓派道士区别开来。据考证，潘茂名治病求本，未病先防。擅长治疗瘟疫类疾病，儿科疾病，尤其疳积等疾病。

……

潘茂名东晋开始行医，兼通儒学、道家、易学。他的“内丹”理论、康养学说、中医学理论，影响了众多弟子，他的学术思想及医药技术，在粤西地区广泛传播。弟子们秉承其“静虚、守拙”的理念，医术在师徒间相传，学术思想得以保存。

……

五月初五，东晋高凉地区已经挂艾草、菖蒲。

石菖蒲的细辛醚与艾草的挥发油碰撞一起，产生一种安神的香味。屋檐下的菖蒲叶和艾捆，成为百姓人家平安符。

晋代《风土志》记载，端午节人们喜欢用艾草扎成人形，编成虎形，用彩布剪成虎形，称为“艾虎”。女人别在发际，男人佩挂在身。偏于高凉的潘茂名，把艾草、菖蒲、雄黄、檀香等装进小布袋，用五彩线系挂在身，寄托健康。

“手执艾旗招百福，门悬蒲剑斩千邪”。插菖蒲，别“艾虎”，挂香囊，估计那个年代是最时尚的生活标签。

公元1278年深秋，这是宋末元初时期。高凉地区变为高州路了，古老的土地又动荡不安。

梁崇礼躲到高州观山。他身负重伤，在鉴江西边的深坑草丛中，他难得短暂的休息。元朝的官兵开始搜山了。饥寒交迫，创伤严重，深坑中的梁崇礼慢慢昏睡过去。

搭救他的，是观山升真观的丁道长。作为潘茂名第 19 代弟子，丁道长遇上一位注定写入粤西医学史的关键人物。一次结缘成师徒，一面师徒成诀别。1000 多年后，梁崇礼与丁道长重现新都石室的传奇故事。

害怕官兵的继续搜捕。匆匆一个月，初愈的梁崇礼藏好师傅送的医书验方，来不及留恋，渡江而去。

作为潘茂名第 20 代中医药传人，梁崇礼将所学医术传授后人，逐渐成当地望族。1988 年在罗定县三达祠重修梁氏族谱发现，梁崇礼是如映公第三子，高州帅堂梁氏始祖。梁崇礼绝对想不到，来自泷州的他在高州路，接过了潘茂名的衣钵，这是一次关键传承。

……

梁玉瑜，帅堂梁氏第 18 代传人，潘茂名第 37 代中医药传人。清朝乾隆年间，他在新疆担任镇迪道太守。亦仕亦医的梁玉瑜，口授《医学答问》，由浙江秀水陶保廉整理而成。梁氏家族医仕结合发展，坚持祖师潘茂名悬壶济世的理念，施医赠药，深受世人爱戴。

……

李鳌才已经收授 10 名徒弟，属于潘茂名第 42 代中医药传人。

传统的中医授徒仪式，一点也不能马虎。祖师潘茂名的圣像供奉在前。敬茶，鞠躬，行礼，诵读拜师帖。老师向传人授传承脉垫。一把脉，一件素衣，一段询问，一味药材，潜藏着古老的医艺密码。

……

2003年秋天，江洪亮意外地进入河南中医院读本科。中原腹地，学术风气浓厚。开学第一天，孙思邈的《大医精诚》，给他全新洗礼。五年中医学熏陶，他痴迷了中华传统医学。

江洪亮不是第一次来，作为潘茂名第42代中医药传人，7年来他查阅大量资料，寻访潘茂名中医传人。种种历史原因，潘茂名道医身份的顾忌，世人以“祖师”含蓄记录。他失望过，更多是惊喜。沿着江洪亮寻找祖师的线索，我们继续前行。

……

这些潘茂名中医药传人，将数十条秘方献给国家。保留古法，结合现代技术，在茂名多家中医院用于临床。跌打酒、风湿膏、生精片和胃片、香囊、肚兜、药枕。每一种中药背后，背后有一个遥远而温暖的身影。

……

高凉，已有2000多年历史。短暂的两晋时代，幸运地拥有一段潘茂名的荣光。这不仅仅是一座城市的荣耀，更是一种岭南中医药文化，还有众多神奇传说，“西山观烟”“龙湫求雨”“石船镇洪”“笔架山赠言”“飞天升仙”……

第三集　好心茂名

潘茂名的心情如同无尽的秋雨，忧郁起来。

放下手中的医书，匆忙赶到东山，参与救护群众。

九月初九的凌晨，这种不祥轰然而至。狂风夹着冰雹倾泻而下，电闪雷鸣，连续的大雨引发了山体滑坡。潘茂名的隐居茅庐突然倒塌，很快没入雨水泥浆之中。风雨黑夜，掩没了永远不为人知的秘密。失望也是一种希望，人们开始议论各种去向。

……

黄昏时分雨过天晴，西山迎来奇丽的天象。

一代道家名医，在神话传说中结束了传奇的人生。

潘茂名的升仙传说，要从人文心理现象来分析。潘茂名是著名的道医，深得广泛的爱戴与感激。得道成仙，世人一种美好的愿望，是对死者最高的褒奖。潘茂名影响重大，人们不认同他的平庸终结，出于多种心理影响，成就一种美好的传说。

……

在高凉地区，魏晋南北朝时期出现两位著名历史人物，潘茂名之后150多年，冼夫人出现了，他们都处于俚獠人为主体的时期，但不同程度地推进粤西乃至岭南地区的文明进程。《隋书》《北史》等为冼夫人立传，这比潘茂名详尽。

公元590年，隋开皇十年。番禺的南越酋长王仲宣打着恢复陈朝的旗号造反。江州总管韦洸驻守兵力薄弱的广州，盼望援军。广州城，珠江畔，风雨欲来。

……

又是一年上元节，元宵的灯笼早早悬挂起来。谯国夫人府张灯结彩，气氛却有点凝重，大家明白，每年重大节日冼夫人重复一项特殊家训。三个朝代的赏赐陈列在客厅中，这种恩宠荣耀寄托的不只一种浮华。

冼夫人："汝等宜尽赤心向天子。我事三代主，唯用一好心。今赐物具存，此忠孝之报也，愿汝皆思念之。"

冼夫人这种家国天下的人文情怀，是中原儒家文化影响岭南的表现。冼夫人的“好心”，揉合了潘茂名的“用心”，共同构成岭南“好心茂名”精神的核心内容，形成广东这座城市独特的灵魂、基因和特质。

……

一座城，一位岭南历史文化名人。我们以千年的名誉，回望一座城市的来路。好心茂名，一直与一座城市休戚相关。

……

在潘茂名的家乡，千百年来传承许多风情习俗。起源宋代盛行明清的年例，是这里最盛大的民俗盛宴，每年春季定期上演。在游神祭祀中，少不了道士的登场。潘茂名的徒孙们，以与道医截然不同的身份，在穿越历史。冼夫人巡游，也丰富着这种岭南古老的文化。

“好心茂名”精神，启元于西晋的潘茂名，发扬于南朝的冼夫人。她的外延，是实干图强、敢于拼搏。当年万千建设者奔赴茂名，继承和发扬实干图强的精神，创造了一座现代化城市。

公元 1958 年 8 月 26 日，在广东湛江地区茂名县南部划出一片土地，成立茂名工矿区市。其他县域，同年改称高州县。1959 年 3 月 22 日广东省茂名市成立。

……

陈守朝早期不认识潘茂名，但他是这座城市的见证者。

读书不多，他很早就参加工作。家中八兄弟姐妹，排行老五。老矿工，油城的拓荒者，现在是村委会带头人。

公元 1579 年，明万历七年，高州府茂名县这片土地，来了一批移民。村庄原本没有名字。人们发现泥土可以烧制砖瓦，于是挖泥烧瓦，世人把他们称为“瓦匠”，村庄叫“瓦匠村”。在明清官府登记户籍时，提出“瓦匠”俗气，改为“牙象”。

在潘茂名千年之后，人们找到城市治病的方法。高州水库源泉成了灵丹妙药，不用丹丸，不用汤药。引水，活化，种树，植被，美化。化腐朽为神奇，发展湖畔乡村经济。许多好像陈学明、陈守朝的村民，见证了，参与了城市疗伤工程，创造工矿遗址生态修复的全国典范。在这千年的茂名县地，有一种东西看不见摸不着，在默默传承。

……

信宜“十九公”，原名韦瑶忠。初次见面，无法相信这是耄耋老人。茂名山水，肯定有一种长寿的秘密。

矮实的个子，轻快的步伐，无法相信这是90岁老人的腿脚。信宜山乡一种信仰在飘荡，虽然已历千年。寒冬时节，粤西山区特别冷，天还没有亮。韦瑶忠跑前跑后给孩子们壮胆，手电筒之光，照得很远。20多年来，徒步10万公里，中国好人，“十九公”义务接送学童感动中国。

……

每天清晨，通勤车准时到达茂名石化乙烯生活一区。

张恒珍已经习惯了当地的早餐。来自山东淄博的她，偶尔还自带些北方面饼，她喜欢与徒弟们分享。

26年来，扎根一个单位，重复一件事情，张恒珍保持着40多万次操作零差错纪录。工匠精神，或许是“好心茂名”精神另一种具体的演绎。

在茂名城乡，“好心茂名”标志随处可见。每天张恒珍在上班路上，常常注视的是另一个人物。我们再去寻找一位潘茂名的道教弟子吧。因为，他与一座大型纪念性场所密切关联，这幢地标式建筑深深烙上“好心茂名”的印记。

公元1336年，元朝至元二年。林启初出生高州路的沿海村庄。他出身寒微，聪颖好学，志向高远，为人厚道。从小立志为民除灾解难，一生传承粤西道教文化，布施济生。历史文献没有记载，无法查证他属潘茂名第几代道教弟子。

……

为纪念林真人，人们在雨公山找到香炉。求雨的杂物散流各地的村庄，许多村庄以他的道具命名，传说信众所戴的帽冠漂流一条村庄，形成织帽村。纸扎马漂到马鹿，形成马鹿村。还有“罗乾村”“尼乔村”“沙罗埇村”“七道村”“十二马村”。

630多年后，在广东茂名高新区建成岭南文化主题公园——潘茂名公园。“雨顺阁”，寓意风调雨顺，国泰民安。潘茂名文化，是千百年来人民尊崇、信仰潘茂名过程中，传承下来的物质及精神财富的总称。

……

“西山观烟”成为高州城内的遗迹，李世民敕封的声响早已远去，潘坡丹灶早已荡然无存，明代知府的题词开始漫患，但思前井水依然泔洌无比。

江洪亮求学之路还很漫长，陈守朝的家园情结念念不忘，张恒珍“传帮带”仍在继续，潘茂名中医药博物馆不断建设，如同上海的“茂名路”不断繁荣。

回望千年，潘茂名是这么真切，又那么渺远。致敬这位传奇的道家名医人物，他让这座城市无比的自豪。潘茂名药囊的芬芳，如同一道光芒，如同“十九公”的手电光，穿越粤西千年的文明。潘茂名学术思想，潘茂名文化，“好心茂名”精神，源远流长。

中国“好心之城”，千年的荣耀，从隋唐开启。

2020 年 6 月（文/廖君）

当代关于潘茂名的文艺作品简介

1.《岭南道教先驱潘茂名》（张均绍编著）

此文集由著名文史专家、潘茂名文化研究专家张均绍编著，由广东省高州市社会科学联合会、高州市民族宗教事务局合编。2006 年 4 月广州出版社全国公开出版发行。

《岭南道教先驱潘茂名》由潘茂名遗址、遗迹图片及历史文献资料组成，是比较全面研究潘茂名历史文化的一部著作。文集共 224 页。包括《生平小传》《朝廷特赐》《签语评注》《道教文化分析》《炼丹概要》《潘仙遗迹》《碑记选录》《诗词礼赞》《民间传说》《史料选载》《经书标句》，共 11 部分组成，文史资料翔实，参考文献充足。

2. 长篇小说《仁医潘茂名》(胡光焱著)

长篇人物传记《仁医潘茂名》由中国文联出版社出版发行，著名民间文艺家、书画家、作家胡光焱创作。全书 35 章 22 万字。

主要写潘茂名作为医家、儒家、道家的传奇一生。结尾有茂名县建置后至今的政区演变，以及附录潘茂名年谱。开头有潘茂名师徒骑马治病、论医学道、采药炼丹、驾鹤升“仙”等插图 5 幅。全书描述潘茂名是行仁事善、造福大众社稷、维护世泰和平的好人，情节曲折生动，环环悬念扣人心弦，真实反映潘茂名善行及晋代人物史事、人际社会生活。书中描写潘茂名和与他有关的主要人物 20 多个，次要人物 20 多个，各种人物品性不同，有血有肉。《仁医潘茂名》一书采用章回题目，故事明晰，情节紧密相连。采用悬念、伏笔手法，事件似觉离奇，却合乎情理，戏剧性强。该书全面确切地描写潘茂名这个人物，突出他仁心仁术、行善爱众、不为名利的文化精神；这也是广众的文化精神，深入反映了广众崇扬的“仁”“善”文化思想，使全书具有文化价值和时代价值。

3.《潘茂名传奇》（刘劲编著）

此文集由高州文史专家、潘茂名文化研究专家刘劲编著，2006年4月出版。收集许多潘茂名历史文献资料，作者亲自拍摄潘茂名历史遗址、遗迹及高州山水风光，文集图文并茂。

《潘茂名传奇》包括“天降神童喜盈潘家”“遇艳脱险传秘玄机”“修道炼丹济世救民”“东山采药茔园种药”“截江筑坝德行留芳”“村民纠纷公平巧解”“拯救苍生流芳百世”等28章组成。并附录了潘茂名文化资料选录。全书172页。

4. **大型历史剧《潘茂名》(赵西盈、张琳娜撰稿)**

20集大型历史剧《潘茂名》剧本，由中国广播电视出版社2009年7月出版。总编剧赵西盈、张琳娜。

主要人物形象，包括潘茂名、司马煜、吴思灵、曾蓉、陈守矩、张道仙、司马玺、钱金、吴逸、任沉浮、贾诚、张玄宾、石室二位道隐、桓温、孙彪虎、安达鲁图、公孙云、晋穆帝等。由“千秋功名人间记　尘梦望断往事烟”“医者大事岂儿戏　聚首总为相离伤”“把酒相论天下事　石室悟棋有天意”“心怀苍生身涉险　以德化怨感恶人”“城头立身谋奇计　危城犹可变金汤”“龙湫祭雨甘霖撒　入京路遇吞舟鱼”“真人诚语济世方　佞臣谋计暗中伤”“石舟往来渡水厄　仙逝归去名传今”等20集组成。内容丰富，情节生动，艺术形象丰满，展现了广东著名道医潘茂名伟大的一生。

5. “茂名十大文化名片”丛书之《潘茂名》（罗瑞著）

2018 年茂名市委宣传部组织编写“茂名十大文化名片”丛书，军旅作家、国家一级编剧罗瑞负责撰写其中之一《潘茂名》。

内容主要包括：“老百姓这样说潘茂名”“写在浮山岭上的潘家故事”“沟流洞论道”“两颗种子”“石船石船天赐神船”等 13 篇章组成，全书 106 页，设计精美，主要从传说故事中展现岭南仁医潘茂名。

6. 电视连续剧《潘茂名传奇》（陈伟田导演）

30 集电视连续剧《潘茂名传奇》由广东出航影业与中央电视台、高州市委宣传部联合出品，2011 年 11 月 28 日在茂名地区开拍。该剧由陈伟田导演执导，原拟邀请香港著名演员莫少聪、徐锦江、曾志伟、冯苑桥等加盟。国内演员有丁浩、侯耀华、战友、章艳敏等。该剧主要讲述西晋期间道医潘茂名为人而道、为人而医的伟大理念，隋文帝为纪念他，把属地册封为“茂名县”。

剧情简介：东晋时期，精通医术的庞道德来到广东，救治了久婚不育的潘启疆、李荔花和众乡亲。恶霸高官大火烧潘家，李荔花逃到破庙生下潘茂名。潘茂名得庞道德真传，高官大女儿高美兰对其渐生爱意。突厥国使者来朝出题发难，潘茂名千里造锦囊妙计。辛夷生一伙没有得到好处，对潘茂名怀恨在心。石崇一计不成又施一计，用金钱诱唆高官大将高美兰嫁给其残儿石团。4 年后，潘茂名在官山寺与高美兰邂逅，高美兰为救潘茂名中毒箭而死，临死道出小巧是他的亲生子。潘茂名晚年倾力办学授徒、撰写医学著述。辛夷生为报复潘茂名，在潘茂名开给钱县令的药方中有意更改有极毒的细辛用量，致使潘茂名身陷囹圄。为纪念潘茂名一生，隋文帝杨坚下旨，在高凉境内设茂名县，以昭章这位岭南历史名人。

7. **大型古装粤剧《潘茂名》（编剧李一峰，总导演丁凡）**

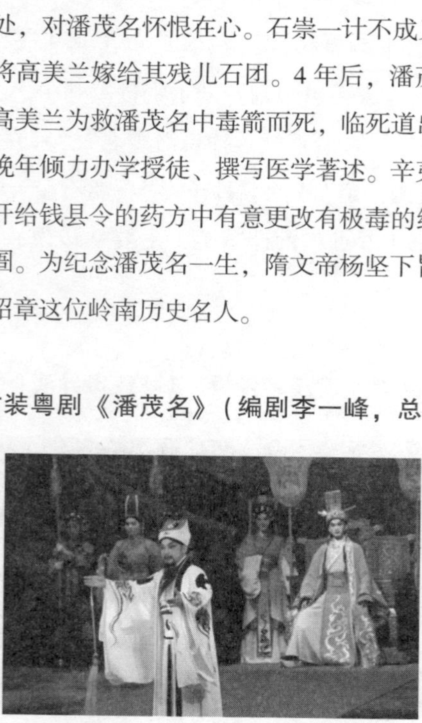

西晋大康元年三月二十四日（本著作补正：西晋太熙元年农历三月二十四日）潘茂名生于高凉浮山潘坡村，被誉为粤西道教之父，他炼丹救世，拯救百姓，民间传说他得道成仙了，建潘仙祠祀之，彰显他的救民功德。

新编大型历史人物剧《潘茂名》解读“茂名市”的来由。潘茂名是岭南道教先驱，粤西道教第一人。他精于医道，终其一生，以人为本，普渡众生。潘茂名这张名片，是道德的典范，道义的化身，正能量的代表，这是该剧的创意亮点。在大灾大难面前，人的求生愿望总是统一的，洪灾后瘟疫肆虐高凉，波及全国，皇帝祈求苍天饶恕，百姓盼望搭救。编剧把焦点集中在人与自然的冲突之中，拉开了波澜壮阔的、以潘茂名为首的高凉人与瘟疫抗争的帷幕。因皇帝急召潘茂名入京祭天，随即派生出一连串的冲突。在冲突中不停地展示戏剧的美学特征。

在创作《潘茂名》的过程中，编剧李一峰、总导演丁凡、音乐唱腔设计邹裕伟、舞美设计杜绍健、服饰设计袁泉、主演李世晓、练雪兰、李晓东、温卫东等青年粤剧新秀，主创高度统一，精心打造。全剧突现唯美特色，活生生的人物形象无不令人动容，让观众去感叹人物的命运。潘茂名、吴思灵、高县令、潘茂高等等人物，在灾难的折磨下，所释放出来的都是对苍生的大爱，人性的真善美。加上主创队伍的阵容强大，音乐唱腔美，场景美，服饰美，令人震撼，荡气回肠，此乃该剧目的最大亮点。

8. **人文纪录片《潘茂名》(总撰稿廖君)**

中国书法家协会理事、广东书法院院长李远东为纪录片题词

纪录片《潘茂名》拍摄团队在高州安良堡考察

此纪录片拟由广东省茂名市委宣传部出品，茂名市委统战部、茂名市委网信办、茂名市网络文化协会联合出品，广东米奇文化传媒有限公司、腾元影业（广东）有限公司、粤西资讯网制作。纪录片从高端视角综合多种表现手法，全景式记录潘茂名历史文化，立体再现1700年前粤西传奇人物的鲜活形象，展现粤西瑰丽的人文风情，弘扬岭南“好心茂名”精神。纪录片以3个篇章构成，每个篇章1集，包括“寻踪东南”“高凉传奇”“好心茂名”，分别展示潘茂名的历史文献、遗址、遗迹，展播晋代潘茂名的传奇故事。

目前纪录片在拍摄推进中。

百度百科“潘茂名”词条

说明：“潘茂名”词条由作者2019年4月通过百度账号“西粤君”向百度百科编辑部提交，审核通过并多次完善更新内容。

潘茂名，粤西地区俗称“潘仙”，一个被后世仙化的著名人物。大约在西晋太熙元年（290年）农历三月二十四日出生，西晋永嘉年间（307~313年）的处士。今属广东茂名高州市根子镇人，世居浮山岭附近的山村，相传在今浮山岭半山腰的亚盘村。传说东晋宁康元年（373年）农历九月初九（重阳节）黄昏时分，潘茂名逝世，享年83岁。

隋开皇十八年（598年）设立茂名县，是以潘茂名之名命县名，用以纪念潘茂名对粤西人民之恩德。唐贞观八年（634 年）又用潘茂名之姓改南宕州（贞观六年才改高州为南宕州）为潘州。如今的茂名市名字也因之而来。中国以道士之姓设州、以名设县、以名命名地级市，唯潘茂名一人。

1. 历史文献

最早关于潘茂名的古籍在唐代。《四库全书》的唐代《北户录》记载，“往高凉，程次青山镇。……后一岁自潘州回路，历仙虚。”唐末崔龟从图注“仙虚”云：“潘茂真人烧丹之处，南人呼市为虚，今三日一虚。”所谓“虚”指岭南集市的称谓。潘州的仙虚因潘茂真人烧丹得名。唐昭宗时期广州司马刘恂的《岭表录异》可能最早将潘茂与潘州得名联系，今通行版本为鲁迅校勘，“潘州，昔有方士潘茂于此升仙，遂以名郡。”

北宋陵州知州乐史撰写《太平寰宇记》，属于全国地理总志。其援引《岭表录异》云：“按《岭表记》：潘州因道士潘茂升仙，遂以姓名为郡县之称。”《太平寰宇记》：“唐武德四年平岭表，于县置南宕州，后改为潘州，仍改县为茂名，以道士潘茂姓名为县也。”南宋王象之编纂《舆地纪胜》，这是南宋中期地理总志，记载茂名县得名史记——茂名县：在州西南 15 里。《图经》云：县本西瓯、骆越地，秦属桂林郡，汉属合浦郡。晋道士潘茂古于东山采药炼丹，于西山升仙，镇南大将军冯游请于二山间筑城，遂以道士姓名建潘州、茂名县。晋代永嘉年间偶遇道士弈棋情节在宋代《舆地纪胜》已出现。在唐宋古籍开始出现的“潘茂”“潘茂古”，都是指“潘茂名”。

明清时期古籍文献关于潘茂名记载不少，明代嘉靖年间《广东通志》称，茂岭“世传潘茂炼丹其上，故名”。《大明一统名胜志》《郡县释名》都沿袭这种说法。清代阮元监编修《广东通志》、明代万历年间曹知遇等纂修《高州府志》、清代《光绪重修茂名县志》都有潘茂名记载。清初潘茂名被列入中国神仙系统，当时《历代神仙演义》对潘茂名有记载。清代光绪年间广西河池知州谭应祥组织人员编写《潘仙全书》，较为系统地介绍潘茂名情况。记录潘茂名外出求学于新都、建康，拜谒求教于茅山道士张玄宾的记录。《茂名县志·人物志》《茂名县志稿》有记载。

宋代全国性地理总志《太平寰宇记》（陵州知州乐史撰写）记载：“潘茂名炼丹之水，味甚香美，煎茶试之，与诸水异。高力士奏取其水归朝。”

明代万历年间曹知遇等纂修《高州府志》记载：“晋永嘉中，有潘茂名者，入山遇道士弈棋，立观久之。道士曰：子亦识此否？对曰：入犹蛇窦，出似雁行。道士可其说。因语之曰：子顶骨贯生门，命轮齐日月，脑血未减，心影不偏，修炼则可轻举。授予黄精不死之方，遂于东山炼丹而飞升。”

《广东通志》（清代阮元监编修）对仙人潘茂名有记载。

高州挂榜岭亦称茂岭，也留有潘茂名的遗迹。清代乾隆年间《高州府志》记载：“世传潘茂名炼丹于此，草木郁茂，四时不凋。”

清代《光绪重修茂名县志·卷七人物下》记载：“潘茂名潘州人永嘉中入山二道士弈棋……”

清代光绪年间，广西河池知州谭应祥曾组织人员编写《潘仙全书》，全书约两万字，较为系统地介绍了潘茂名的有关情况，现国内仅保存一册残缺孤本。

《茂名县志·人物志》记载："潘茂名者邑之潘坡村人。晋永嘉末处士（约310年），莫知其生卒始末。"

《茂名县志稿》（民国编）载："潘茂名者，邑之潘坡村人。晋永嘉末处士。"

《高州府志》和《茂名县志》均有《观山怀潘仙诗》。

2. 文物遗迹

大部分在高州市、电白区、茂名高新区，部分在惠州市罗浮山、浙江淳安县、江苏句容市、南京市、广西桂林市、北流市。西山、东山、潘仙坡、观山寺建筑群、思前井、茎园、金玉二井、升真观、玉泉庵、潘仙殿、吕祖殿、潘仙亭、潘仙祠、潘仙观、石船等遗址在高州城区。根子超世寺、亚盘村（潘坡村）在根子镇，灯心塘超世寺、浮山石船在霞洞镇。纪念潘茂名弟子林真人的雨公山庙现改建公园，在茂名高新区。南宋广西转运使朱希颜将两屏茂名县产玉石馈赠副宰相洪迈，相传由潘茂名炼丹遗下丹剂凝结而成，《方舆胜览》称之为树石屏，洪迈《高州石屏记》被刻在桂林漓江龙隐岩。潘茂名外出长期修炼的"新都石室"，据考证很可能在淳安县梓桐镇的尹山。相传潘茂名与葛洪当年论道炼丹的青蒿园、洗药池、丹灶遗址在惠州罗浮山。葛洪在东晋咸康年间出任勾漏县令，潘茂名与他在勾漏洞炼丹遗址在广西北流。目前茂名市主要潘茂名遗址保存下来，潘仙祠在高州冼太庙旁边，受到良好保护。思前井泉水清澈，现有围墙并建栅栏门。根子超世寺是20世纪90年代在潘茂名故居遗址重建。茎园、金玉二井、升真观已经消失，只有遗址。潘仙坡已在车水马龙的闹市区，观山书法石碑群掩埋在泥土之中。长坡镇的龙湫岩，20 世纪五六十年代炸石被毁，山洞倒塌文物古迹无存。

粤西地区道教遗迹众多，多处遗留与潘茂名有关的诗词、地名、建筑、遗址、遗物、遗迹等。

明代万历年间，高州知府张邦伊作诗咏潘茂名，《潘坡丹灶》：地有东郊胜，溪山信可夸。偶来因问俗，何意觅仙家。洞倚千寻古，炉蒸五尺霞。至今流水上，时或见桃花。“潘坡丹灶”是高州古八景之一。

升真观，高州观山最早道教建筑物。据《观山古迹补录》记载：“分藩陶正中重修观山寺序云：高郡城西半里曰观山，相传晋潘于此飞升，旧有升真观，因此得名。明万历初观废。”

观山寺，明万历十七年（1589 年）由高州知府张邦伊在升真观遗址建立观山寺，以奉潘仙像。观山又名仙山。1985 年观山寺被拆除，在原址新建仿古建筑。

玉泉庵（含潘仙殿、吕祖殿），清嘉庆十三年（1808 年），巡道马书欣著文证实为岭西道毛达斋倡建，雍正十年（1732 年）建成，其中吕祖殿在乾隆二十年（1755 年）竣工。潘仙殿专奉潘茂名，吕祖殿主奉吕洞宾，现存遗址。

潘仙祠，清代嘉庆年间《茂名县志》记载，在高州城内冼太庙东，据说潘茂名曾在这里炼丹。由明代知府孔镛于成化元年（1465 年）建成。有仙坡记，又有仙迹亭，为明代崇祯元年（1628 年）茂名知县胥学韶建立。崇祯十年（1637 年）高州知府姚继舜扩建其亭，辟其为坡。现亭子已圮，后来在遗址修建潘仙祠，祠的走廊与冼太庙相通。现为高州市文物保护单位。清代河北燕人、雷州参将潘拱宸作诗《游观山有怀潘仙》：“官闲偷与海鸥盟，偶挂雕弓傍石行。松顶鹤巢深树见，江心渔艇暮烟横。旧山人去花应落，古寺雨来潮欲生。学道何年逢鼻祖，云峰招手过西城。”

石船，相传“潘茂名所乘，仙去弃此”。明代万历年间《高州府志》记载，“后千有余年，孔镛来守高凉”，遇此仙人潘茂名于笔架山，创建潘仙亭，以资纪异。并赋《石船丹灶》：“共说丹砂可驻颜，仙翁何不久人间。石船藓合年年在，丹灶云封日日闲。亭宇已成新岁月，乾坤犹自旧江山。我来欲问长生诀，辽鹤何时海上还。”清初“岭南三大家”之一屈大均的《广东新语》记载：“高州潘仙坡有一石船。中污，两端微起若荷华叶。长八尺有半，广四尺。又有石篙一，在云炉洞，长二丈许。”相传为潘茂名真人遗物。著有《石船铭》云：“至人餐石，以刚为柔。至人乘石，以沉为浮。风将气御，水以神游。芙蕖一瓣，泛泛如舟。虚无之滓，为尔长留。”屈大均又有《后高凉曲》咏潘仙石船，“不见仙人驾石船，鉴江秋水正连天。石篙撑折三千丈，愁绝蓬莱路渺然。”石船经过多年风吹雨打，面目渐起变化。后被当地托儿所埋在地下，在建新楼时挖起破碎。现仅存一块碎片，长约二尺，宽一尺余，置于冼夫人庙门阶前。历代不少文人骚客，对石船丹灶留有吟咏。明代郑阜义诗：“仙家鸡犬去无存，丹灶空余火不。万古灵踪何处觅，淡烟荒草暗孤村。短棹孤帆远远开，潘仙何处问蓬莱。”

思乾井，在高州城东。据传潘茂名在提炼丹膏时，对炼丹之水要求讲究，用清纯龙泉水。潘茂名在草药种植园（今高州城东门外附近)，开凿一口水井，专做炼丹之用。潘茂名逝世后古井保留下来，后人称“思前井”。

潘仙观，在高州城区南关街小观山。2004 年建成，为明清风格仿古四合院建筑，面积800多平方米。北倚青山，面朝鉴江，与大观山隔江相望，揽抱瀛洲岛。建筑宏伟壮观，庄严肃穆。门楼古雅，坊额镌刻“潘仙观”三个大字及浮雕图案。两柱对联气象万千，“恬倚榜山万丈灵光连北斗；雅朝鉴水千秋道气贯瀛台”。天井中间有潘仙池，潘仙骑鹤赐福。殿前两柱为双龙戏珠雕塑。雄伟的大殿，穿斗式梁架结构，正殿安置为三清祖师雕像，两边殿堂为潘仙、冼太雕像。正殿内墙壁雕塑有六十甲子太师浮图，栩栩如生。正殿与门楼之间两边有廊道仿古建筑。潘仙观是粤西颇有影响的道观。

超世寺，与浮山冼太庙为邻，位于浮山岭半山腰。寺庙面积200多平方米，是在潘茂名故居遗址上修建的纪念性建筑。据说也是当年潘茂名的修炼地。

3. 文化思想

潘茂名早期属于道教的丹鼎派。丹鼎派又称“金丹道教”，丹鼎派是对炼金丹各道派的通称，最早由古代黄老道家发展而来。丹鼎派分外丹与内丹。外丹，指用炉鼎烧炼铅汞等矿石药物，以配制可服食的金丹，盛行于隋唐前；内丹，大体上指把人的身体当成“炉鼎”，以自身精、气为药物，为神气相交结成之物，宋元以后取代外丹，流行至今。丹鼎派从追求“长生不老”出发，推动了我国古代化学冶炼、气功养生学的发展。

潘茂名的炼丹术，发展了早期粤西地区的道家医学，他重视道教的“外丹”。主张用铅汞配以其他药物做原料，放在炉火中烧成丹药，有“点化”“服食”两种。丹药是中药药剂种类的一个分支，兴于秦汉时期，是中国古代术士们开创的成果。现代医药学发现，铅、汞作为炼丹常用原料，却是一种有毒金属，过量服食使人致死。但是，在约1700年前落后的粤西地区，潘茂名等道士是无从知晓的。

潘茂名相信“习静虚无之说，炼丹上升之旨”。其道家的思想出自“清静”“心印”二经。他认为，上药三品，包括神、气、精。他强调“神能入石，神能飞形，入水不溺，入火不焚”等，这些都是道教的“内丹”理论。他们认为，人是天地与阴阳冲和之气体造成，表现在精、神、气三方面，精为天，气为地，神为精气的化合。心神动摇，精气散死，反之则长寿。这些观点与中华传统养生理论有相通之处。

潘茂名晚年也受到儒家和佛家的思想影响，相传存下签语100条，内容大体分为三类：一是以“无为自化，清静自正”。为其教派的基本宗旨。潘茂名宣扬的“无为、虚静、守拙”，与老子思想相合，是典型的“贵虚”自我无为主义。二是笃信阴阳五行，宣扬“道生一，一生二，二生三，三生万物。万物负阴而抱阳，冲气心为和”的老子观点。三是宣扬“以民为本”“济世救民”的思想。综观潘茂名的道教思想，继承和发展以老子为代表的道家理论和思想，也有不少观点具有初步的唯物主义，但签文夹杂一些唯心主义迷信的成分，这些要去其糟粕，传承其精华要义。

潘茂名逝世约150年后，冼夫人诞生，其后逐渐形成冼夫人文化。来源于古老的傩文化、粤西祭祀、冼夫人文化的“年例”，在千年传承中注入道教元素。几乎所有的年例祭祀、摆宗、游神等环节，都由道士主持或参与。茂名在1000多年的本土文化发展中，逐步形成“潘茂名文化”。

潘茂名与“好心茂名”精神的关系。清代古籍《潘仙全书》，在流传下来的潘仙签语第七十数发现，“济世有奇诀，救人须用心。三天曾纪录，四海尽知名。”这是指救人济世的奇诀在于用心，只要做到这点，就能天下扬名。2020 年 6 月在纪录片《潘茂名》剧本研讨会期间，与中国作家协会副主席陈建功、中国作协《中国作家》原主编王山、广东省作协副主席张梅、著名作家张慧谋、著名考古学家邱立诚、广东石油化工学院教授卢诚、茂名市社科联主席郭亿万、茂名高新区管委会主任李确、茂名市纪委宣传部长何火权、陈朝晖、张均绍、周泽明、吴超君、姜桂义等权威学者专家，集中研究探讨，最后统一明确观点：“好心茂名”精神最初来源潘茂名，《潘仙全书》的“济世有奇诀，救人须用心”是充分的历史文献依据。

潘茂名文化的概念、内容。2019 年 3 月在纪念茂名建市 60 周年丛书《点赞茂名精选集》中，茂名市委、市政府正式提出“潘茂名文化”的概念、内涵。“潘茂名文化”是千百年来人民尊崇、信仰潘茂名过程中传承下来的物质及精神财富的总称，是一种岭南区域性文化。后世对潘茂名的纪念、研究和发展，涉及范围主要在粤西地区，其内容包括：“好心茂名”精神的启元、粤西道教医术、道教金丹术、“内丹”及中医药理论、道教的道场（斋醮、法事）、年例主祭礼俗、“济世救民”的思想、“无为、虚静、守拙”的人生观、“拜潘仙”信俗、潘茂名诞辰纪念日、潘茂名中医药传承与技艺制作等。

（文/廖君）

茂名建市60周年纪念丛书《点赞茂名》：走近潘茂名

这不仅是一种传说。

岭南历史是如此的鲜活与真实。

潘茂名，岭南道教先驱，粤西道教第一人，粤西早期医学重要人物，他注定与这座城市结缘。广东茂名，以城市之名寻找千年的文史渊源。一位名人，一座城。

潘茂名年少时喜好游玩，不理家业，经常觉得所居住南越偏僻蛮荒，打算游历神州大地，“欲瞻中国之盛”。西晋永嘉年间，他束装起行，一路往东北而去。经过新都（今浙江淳安县）石室，邂逅道士对弈，拜道士为师，学习炼丹和养生之法。后有郭道士入山，谈起当时南北分裂未能一统的形势，潘茂名辞别道士，背起行装来到东吴。在建康（今南京），潘茂名拜谒请教茅山道士张玄宾。潘茂名学成归来，穿越岭南，回隐在高郡主山（今高州城东一带的群山）。他只见峰峦起伏，葱郁青翠，选择在此隐居修炼。后来屡次大旱，潘茂名带领乡民前往龙湫岩祈雨，解除旱灾。

“朝汲泉于此山，暮洗术于鉴水，采丹田之芝，煮白石之髓，嚼瑶笋之芽，餐碧奈之蕊，勤洗伐而脱尘凡，取精华而去渣滓。”潘茂名终于炼成“大还丹”“小还丹”等，用此神效丹药，在粤西地区救治百姓，驱除瘟疫。相传，潘茂名还用沉香炼丹制药，现民间留传潘茂名的万应灵丹方法等。相传，潘茂名在高城西的观山修行20多年，白天上山采药，晚上修道炼丹。“东坡烧火，西山观烟”的传说和“观山”之名均由此来。潘茂名不仅是岭南道教的先驱，他还与神农氏一样遍尝百草，一生悬壶济世、救死扶伤，深得百姓爱戴，受到当时朝廷称赏，为世代传颂。

之一：历史文献的印记

相距约1700年，历史上没有完整的潘茂名传记资料，许多文献是零星式记述。但权威的地方志有历史记载，这是一个真实鲜活的人物。悬壶济世、炼丹制药、驱瘟除瘴、救治百姓、普济众生，贯穿他80多年的传奇生涯。因其人格魅力及医术、道教文化影响后世，成为粤西传奇式人物。

作为历史人物，潘茂名享受极尽的哀荣。个人的姓与名，曾让中国历史重要的朝代大隋、大唐等冠以县名、州名、市名。隋代开皇十八年（598年）设立茂名县，是以潘茂名之名命县名，用以纪念潘茂名对粤西人民之恩德。唐代贞观八年（634年）又用潘茂名之姓改南宕州（贞观六年才改高州为南宕州）为潘州。当今茂名市名字因之而来。中国以道士之姓设州、以名设县、以名设立地级市，唯潘茂名一人。

在中国岭南地区，关于潘茂名的许多典故、遗址、遗迹，全国性、全省性文献及粤西地方志中都有记载。

宋代全国性地理总志《太平寰宇记》（陵州知州乐史撰写）记载："潘茂名炼丹之水，味甚香美，煎茶试之，与诸水异。高力士奏取其水归朝。"

《广东通志》（清代阮元监编修）对仙人潘茂名有记载。

明代万历年间曹知遇等纂修《高州府志》记载："晋永嘉中，有潘茂名者，入山遇道士弈棋，立观久之。道士曰：子亦识此否？对曰：入犹蛇窦，出似雁行。道士可其说。因语之曰：子顶骨贯生门，命轮齐日月，脑血未减，心影不偏，修炼则可轻举。授予黄精不死之方，遂于东山炼丹而飞升。"

清代康熙三十九年（1700 年）张继宗撰写的《神仙通鉴》记载："潘茂名，桂林高兴人，世居浮山下。少耽游嬉，不治家业。常以濒居越海为嫌，欲瞻中国之盛。"

清代雍正八年（1730 年）高雷廉兵备道毛世荣撰写《观山吕祖殿记》记载："……寺门有潘仙遗像，按志书晋永嘉间，羽士潘茂名，於山顶掘井汲泉，以供丹灶，名玉泉井……今玉泉井尚存。"

高州挂榜岭亦称茂岭，也留有潘茂名的遗迹。清代乾隆年间《高州府志》记载："世传潘茂名炼丹于此，草木郁茂，四时不凋。"

清代《光绪重修茂名县志·卷七人物下》记载："潘茂名潘州人永嘉中入山二道士弈棋……"

清代光绪年间，广西河池知州谭应祥曾组织人员编写《潘仙全书》，全收约 2 万字，较为系统地介绍了潘茂名的有关情况，现国内仅保存一册残缺孤本。

《茂名县志》人物志记载："潘茂名者邑之潘坡村人。晋永嘉末处士（约310年），莫知其生卒始末。”

《茂名县志稿》（民国编）载：“潘茂名者，邑之潘坡村人。晋永嘉末处士。”

《高州府志》和《茂名县志》均有《观山怀潘仙诗》。

综合文献记载及民间传承的潘仙纪念日，可以推测：潘茂名大约在西晋太熙元年（290年）农历三月二十四出生，西晋永嘉年间（307~313年）的处士。今属广东茂名高州市根子镇人，世居浮山岭附近的山村，相传在今浮山岭半山腰的亚盘村。传说东晋宁康元年（373年）农历九月初九（重阳节）黄昏时分，潘茂名逝世，享年83岁。

之二：潘仙的吉光片羽

潘茂名，粤西地区俗称“潘仙”，一个后世仙化式著名人物。粤西地区道教遗迹众多，除信宜大仁山的三清观，高州历史上出现较多，现仍保留不少，处处遗留着潘茂名的吉光片羽，包括与潘茂名有关的诗词、地名、建筑、遗址、遗物、遗迹等。

一袭青袍，锁发，他脚踏布鞋，腰背药囊。潘茂名仿佛在历史的远处，踽踽独行。在众多的诗篇与文物中，能感受潘仙真实而灿烂的光华。

明代成化元年（1465年）高州知府孔镛撰写《潘仙坡记》，立于高凉郡东，述说潘茂名学仙炼丹于此，尚存石船丹灶，今蔽于榛秽中，故名其坡曰“潘仙坡”。孔镛还在笔架山上修建了一座潘仙亭，以纪念潘茂名。

孔镛在笔架山仍留下一种传说。当年孔镛来高州赴任，半路上有位老者拦在马车前，求见知府大人，自称潘茂名。孔镛见他风采不凡，便请他先返回去，待后再来府上相见。老者回答说："我在笔架山相候。"孔镛虽感奇异，但因下车相谈会延误时间不能逗留，因而驰车而去。后来，孔镛因检查农事而到笔架山下，忽见山上有人向他招手，仔细一看正是上次拦车要求觐见的潘茂名。孔镛心有所悟，因而在笔架山上创建潘仙亭。这是历史与民意美妙的碰撞，烹饪出一款玄幻的传说。

明代万历年间，高州知府张邦伊作诗咏潘茂名，《潘坡丹灶》：地有东郊胜，溪山信可夸。偶来因问俗，何意觅仙家。洞倚千寻古，炉蒸五尺霞。至今流水上，时或见桃花。"潘坡丹灶"是高州古八景之一。

升真观，高州观山最早道教建筑物。据《观山古迹补录》记载："分藩陶正中重修观山寺序云：高郡城西半里曰观山，相传晋潘于此飞升，旧有升真观，因此得名。明万历初观废。"

观山寺，明万历十七年（1589 年）由高州知府张邦伊在升真观遗址建立观山寺，以奉潘仙像。观山又名仙山。1985 年观山寺被拆除，在原址新建仿古建筑。

玉泉庵（含潘仙殿、吕祖殿），清嘉庆十三年（1808 年），巡道马书欣著文证实为岭西道毛达斋倡建，雍正十年（1732 年）建成，其中吕祖殿在乾隆二十年（1755 年）竣工。潘仙殿专奉潘茂名，吕祖殿主奉吕洞宾，现存遗址。

潘仙祠，清代嘉庆年间《茂名县志》记载，在高州城内冼太庙东，据说潘茂名曾在这里炼丹。由明代知府孔镛成化元年（1465 年）建成。有仙坡记，又有仙迹亭，为明崇祯元年（1628 年）茂名知县胥学韶建立。崇祯十年（1637 年）高州知府姚继舜扩建其亭，辟其为坡。现亭子已圮，后来在遗址修建潘仙祠，祠的走廊与冼太庙相通。现为高州市文物保护单位。清代河北燕人、雷州参将潘拱宸作诗《游观山有怀潘仙》："官闲偷与海鸥盟，偶挂雕弓傍石行。松顶鹤巢深树见，江心渔艇暮烟横。旧山人去花应落，古寺雨来潮欲生。学道何年逢鼻祖，云峰招手过西城。"

石船，相传"潘茂名所乘，仙去弃此"。明代万历年《高州府志》记载，"后千有余年，孔镛来守高凉"，遇此仙人潘茂名于笔架山，创建潘仙亭，以资纪异。并赋《石船丹灶》："共说丹砂可驻颜，仙翁何不久人间。石船藓合年年在，丹灶云封日日闲。亭宇已成新岁月，乾坤犹自旧江山。我来欲问长生诀，辽鹤何时海上还。"清初"岭南三大家"之一屈大均的《广东新语》记载：高州潘仙坡有一石船。中污，两端微起若荷华叶。长八尺有半，广四尺。又有石篙一，在云炉洞，长二丈许。相传为潘茂名真人遗物。著有《石船铭》云："至人餐石，以刚为柔。至人乘石，以沉为浮。风将气御，水以神游。芙蕖一瓣，泛泛如舟。虚无之滓，为尔长留。"屈大均又有《后高凉曲》咏潘仙石船，"不见仙人驾石船，鉴江秋水正连天。石篙撑折三千丈，愁绝蓬莱路渺然。"石船经过多年风吹雨打，面目渐起变化。后被当地托儿所埋在地下，在建新楼时挖起破碎。现仅存一块碎片，长约二尺，宽约一尺余，置于冼夫人庙门阶前。历代不少骚人墨客，对石船丹灶留有吟咏。明代郑阜义诗："仙家鸡犬去无存，丹灶空余火不煴。万古灵踪何处觅，淡烟荒草暗孤村。短棹孤帆远远开，潘仙何处问蓬莱。"

思乾井（又作"思前井"），在高州城东。据传潘茂名在提炼丹膏时，对炼丹之水要求讲究，用清纯龙泉水。潘茂名在草药种植园（今高州城东门外附近），开凿一口水井，专作炼丹之用。潘茂名逝世后古井保留下来，后人称“思前井”。

潘仙观，在高州城区南关街小观山。2004 年建成，为明清风格仿古四合院建筑，面积 800 多平方米。北倚青山，面朝鉴江，与大观山隔江相望，揽抱瀛洲岛。建筑宏伟壮观，庄严肃穆。门楼古雅，坊额镌刻“潘仙观”三个大字及浮雕图案。两柱对联气象万千，“恬倚榜山万丈灵光连北斗，雅朝鉴水千秋道气贯瀛台”。天井中间有潘仙池，潘仙骑鹤赐福。殿前两柱为双龙戏珠雕塑。雄伟的大殿，穿斗式梁架结构，正殿安置为三清祖师雕像，两边殿堂为潘仙、冼太雕像。正殿内墙壁雕塑有六十甲子太师浮图，栩栩如生。正殿与门楼之间两边有廊道仿古建筑。潘仙观是粤西颇有影响道观。

超世寺，与浮山冼太庙为邻，位于浮山岭半山腰。寺庙面积 200 多平方米，是在潘茂名故居遗址上修建的纪念性建筑。据说也是当年潘茂名的修炼地。

之三：后世的荣光

相传，潘茂名在一次抢险救灾后，体力不支倒下了，在高州观山坐石船飞天而去。事隔千年，经历代的传说、演变，这位粤西传奇式人物的终结，世人给了圆满的归宿：得道成仙。这既是世人给潘茂名无限尊荣的纪念，也折射出百姓们在科技落后年代祈福心态。由凡人到神仙，后世的潘茂名历千年后，不自主地成就这种演变，形成“拜潘仙”的信俗。

每年农历三月二十四，被定为潘茂名诞辰日。除了高州城有多处供奉祭祀潘仙外，曹江镇甲子坡村梁姓村民，曾建潘仙庙纪念潘茂名，每年在潘仙诞辰隆重祭祀。高州城郊农村曾创立潘仙会，以重阳赴观山祭祀。相传从晋代开始，高州城乡有不少道教信徒。当代高州潘茂名纪念馆（潘仙观）在潘茂名诞辰日举行系列纪念活动，包括：祈福祭祀、道教学术报告会、潘茂名金身绕境巡安、平安宴、民俗风情舞、粤剧表演等。当地群众以及来自省港澳民众络绎不绝，以虔诚之心纪念这位岭南道教先驱，缅怀其丰功伟绩和崇高品德。当地政府相继开展扶危济困、送医施药、助学兴教等社会公益活动，以继承和发扬潘茂名的立德行义、悬壶济世、救死扶伤、造福百姓的奉献精神。

可以说，潘茂名是名人文化与神仙文化相融合的代表。如今，这一人物形象与现代社会相互交融，形成良好的互动，对当下粤西文化发展有重要意义。

潘茂名没有留下系列的著作，也没有医学作品传世。参考《神仙通鉴》《潘仙全书》等古籍，结合粤西民间拜潘仙的信俗，可以洞探潘茂名的文化思想。

潘茂名早期属于道教的丹鼎派。丹鼎派又称“金丹道教”，丹鼎派是对炼金丹各道派的通称，最早由古代黄老道家发展而来。丹鼎派分外丹与内丹。外丹，指用炉鼎烧炼铅汞等矿石药物，以配制可服食的金丹，盛行于隋唐前；内丹，大体上指把人的身体当成“炉鼎”，以自身精、气为药物，为神气相交结成之物，宋元以后取代外丹，流行至今。丹鼎派从追求“长生不死”出发，推动了我国古代化学冶炼、气功养生学的发展。

潘茂名的炼丹术，发展了早期粤西地区的道家医学，他重视道教的“外丹”。主张用铅汞配以其他药物作原料，放在炉火中烧成丹药，有“点化”“服食”两种。丹药是中药药剂种类一个分支，兴于秦汉时期，是中国古代术士们开创成果。现代医药学发现，铅、汞作为炼丹常用原料，却是一种有毒金属，过量服食使人致死。但是在约1700年前落后的粤西地区，潘茂名等道士们是无法知晓的。

潘茂名相信“习静虚无之说，炼丹上升之旨”，其道家的思想出自“清静”“心印”二经。他认为，上药三品，包括神、气、精。他强调“神能入石，神能飞形，入水不溺，入火不焚”等，这些都是道教的“内丹”理论。他们认为，人是天地与阴阳冲和之气体造成，表现在精、神、气三方面，精为天，气为地，神为精气的化合。心神动摇，精气散死，反之则长寿。这些观点与中华传统养生理论有相通之处。

潘茂名晚期也受到儒家和佛家的思想影响，相传存下签语100条，内容大体分为三类：一是以“无为自化，清静自正”。为其教派的基本宗旨。潘茂名宣扬的“无为、虚静、守拙”，与老子思想相合，是典型的“贵虚”自我无为主义。二是笃信阴阳五行，宣扬“道生一，一生二，二生三，三生万物。万物负阴而抱阳，冲气心为和”的老子观点。三是宣扬“以民为本”“济世救民”的思想。综观潘茂名的道教思想，继承和发展以老子为代表的道家理论和思想，也有不少观点具有初步的唯物主义，但签文夹杂一些唯心主义迷信的成分，这些要去其糟粕，传承其精华要义。

潘茂名逝世约150年后冼夫人诞生，其后逐渐形成冼夫人文化。来源于古老的傩文化、粤西祭祀、冼夫人文化的“年例”，在千年传承中注入道教元素。几乎所有的年例祭祀、摆宗、游神等环节，都由道士主持或参与。在1000多年的文化发展中，逐步形成“潘茂名文化”，包括：粤西道教医术、道教金丹术、“内丹”理论、道教的道场（斋醮、法事）、年例主祭礼俗、“济世救民”的思想、“无为、虚静、守拙”的人生观、“拜潘仙”信俗、潘茂名诞辰纪念日等内容。

穿越千年，潘茂名作为茂名重要历史人物，已经成为“茂名十大文化名片”之一。潘茂名文化，已沉淀、发展成为颇具粤西特色的岭南文化。

致敬，岭南道教先驱潘茂名。

（文/廖君）

启元“好心茂名”精神
坚挺潘茂名文化自信

——对话中国作协会员、岭南文化专家廖君

摘要：2020年6月茂名日报社全媒体记者杨海云针对茂名市潘茂名历史文化情况，专访中国作家协会会员、潘茂名文化专家、潘茂名文化研究院筹建办公室副主任、纪录片《潘茂名》总撰稿人廖君，全面综述茂名市潘茂名文化研究成果，6月18日茂名日报、茂名网以大篇幅报道，以飨读者。

近年我市贯彻落实《关于实施中华优秀传统文化传承发展工程的意见》，推进传统文化挖掘、传承、弘扬。深入挖掘与广泛征集潘茂名的史料，弘扬“好心茂名”精神，传承潘茂名历史文化，坚定本土文化自信。去年潘茂名中医药技术研发及产业化工程技术研究中心成立，今年春节前夕我市潘茂名纪念馆、潘茂名中医药文化馆临时展览相继建成，6月上旬我市召开纪录片《潘茂名》剧本网络研讨会、现场研讨会。本报记者针对我市潘茂名历史文化情况，专访中国作家协会会员、潘茂名文化专家、潘茂名文化研究院筹建办公室副主任、纪录片《潘茂名》总撰稿人廖君，全面综述我市潘茂名文化研究成果，以飨读者。

廖君现任茂名市劳动人事争议调解仲裁院院长。他做好本职工作同时，长期协助政府宣传本土文化，成绩卓著。作为我市著名作家，岭南文化专家，2020年他佳作频现，又出版著作《千年贡园话禄段》，撰稿纪录片《潘茂名》、茂名创文主题歌《从好心城出发》、抗疫励志歌曲《温暖有你》，诗歌《茂名呼唤长江》参加全国百家广播电台“一起战疫”行动等。

作者在纪录片《潘茂名》座谈会发言

现将对话实录如下：

记者：作为20多年的人社干部，你如何处理好专职工作与文化创作的关系？

廖君：我每天用大量时间处理本职工作，文化研究并不影响我的职业，发挥文化特长创建了岭南“好心仲裁”文化，成为广东省调解仲裁文化建设工作试点，被中国新闻网报道。利用晚上与双休日、公众假期，走遍了广东地区关于潘茂名的古建筑、古村落、遗址遗迹。文化考古与文学创作，成为我最大的娱乐。

记者：你是我市本地人，对家乡有深厚感情，儿时对潘茂名是什么印象？

廖君：我在茂名市区出生，成长在郊区农村，对浮山岭有特殊情感。家乡羊角曾属于电白，在高州分界镇、根子镇的边缘。离浮山岭不远，每天都能眺望山峰。祖坟在浮山岭五马归槽，每年清明都去踏青，后来得知一位粤西传奇人物与这里有关。我的姨妈早年嫁到高城，小时候总往高州观山跑，在吕祖殿面对潘仙的形象和虔诚的人们，终生难忘。潘茂名的传说故事，可以说伴随着我的成长。

记者：我市在潘茂名历史文化挖掘研究方面相对薄弱，有建树的专家不多，你什么时候开始研究潘茂名？

廖君：2001 年我开始文化散文创作，侧重以岭南文化为主体，用散文来宣传粤西历史文化，开始涉及潘茂名。2016 年经张慧谋老师推荐，我参与茂名建市 60 周年大型丛书《点赞茂名》，负责首篇创作，开始整理潘茂名历史文献资料。2018 年受茂名高新区委托，负责潘茂名纪念馆、潘茂名中医药文化馆的总撰稿，与专家团队在广东地区深入考察潘茂名历史文化。春节前与潘茂名公园管理处主任唐昊成、茂名市中医学会秘书长黄少雅等专程到罗浮山寻找葛洪与潘茂名的历史遗迹。2019 年受茂名市委宣传部、茂名市网络文化协会委托，负责纪录片《潘茂名》总撰稿，在全国范围内考察潘茂名遗迹遗址、文献资料、医学传承人等。

记者：客观地说，你与专家团队公布的潘茂名生卒年月、出生地有依据吗？

廖君："昭昭千年，高凉古风。太熙宁康，晋士传奇。"这是我写的前言内容。百度百科词条《潘茂名》词条收录了我们研究成果。"潘茂名（约 290 ~ 373 年），又名潘茂，后世俗称潘仙、潘真人。晋代高凉郡浮山人。西晋永嘉年间（307 ~ 311 年）处士，约生于西晋太熙元年（290 年）农历三月二十四，卒于东晋宁康元年（373 年）农历九月初九（重阳节），享年 83 岁（一说卒于东晋太和六年）。”“世居浮山岭潘坡村，相传在今浮山岭半山腰的亚盘村。”上述内容，是我与广东省文物考古研究所研究员邱立诚，茂名市博物馆馆长陈朝晖，文史专家卢诚、何火权、张均绍、周泽明、陈冬青、刘坚，潘仙观道长丁宗猴，茂名市道教协会会长谢十允，潘茂名第 42 代中医药传人江洪亮博士等，根据古籍文献、府县志记载、道教礼俗、传承习俗、俚人特点、遗址遗迹、现场考古等共同考证出来，2019 年 3 月通过《点赞茂名精选集》统一发布。

记者：目前关于潘茂名的建筑遗址、历史文化遗迹主要分布在哪里？保护情况如何？

廖君：大部分在我市高州市、电白区、茂名高新区，部分在惠州市罗浮山、浙江淳安县、江苏句容市、南京市、广西桂林市、北流市。西山、东山、潘仙坡、观山寺建筑群、思前井、著园、金玉二井、升真观、玉泉庵、潘仙殿、吕祖殿、潘仙亭、潘仙祠、潘仙观、石船等遗址在高州城区。根子超世寺、亚盘村（潘坡村）在根子镇，灯心塘超世寺、浮山石船在霞洞镇。雨公山庙现改建公园，在茂名高新区。南宋广西转运使朱希颜将两屏茂名县产玉石馈赠副宰相洪迈，相传由潘茂名炼丹遗下丹剂凝结而成，《方舆胜览》称之为树石屏。洪迈《高州石屏记》被刻在桂林漓江龙隐岩。潘茂名外出长期修炼的“新都石室”，据考证很可能在淳安县梓桐镇的尹山。《明嘉靖淳安县志》记载：“尹山在县西南 70 里，两峰南峙，跨石如桥，倚石如人，中有石室石棋，皆天然之胜。”潘茂名探访张玄宾的茅山，属江苏句容。相传，潘茂名与葛洪当年论道炼丹的青蒿园、洗药池、丹灶遗址在惠州罗浮山。葛洪在东晋咸康年间出任勾漏县令，潘茂名与他在勾漏洞炼丹遗址在广西北流。目前我市主要潘茂名遗址保存下来，潘仙祠在高州冼太庙旁边，受到良好保护。思前井泉水清澈，现有围墙并建栅栏门。根子超世寺是20世纪90年代在潘茂名故居遗址重建。茔园、金玉二井、升真观已经消失，只有遗址。潘仙坡已在车水马龙的闹市区，观山书法石碑群掩埋在泥土之中。长坡镇的龙湫岩，20世纪五六十年代炸石被毁，山洞倒塌文物古迹无存。潘茂名出生地亚盘村山清水秀，但村民生活贫困，故里历经千年遗迹极少，希望当地政府加大扶贫力度，列入美丽乡村建设。

记者：请你谈谈关于潘茂名的最早古籍文献。

廖君：在对潘茂名研究当中我与我的团队发现，最早关于潘茂名的古籍在唐代。大约公元871年（咸通十二年）唐懿宗时期，段公路从茂名回到广州，其先仕南粤，后官万年县尉，亲自南游五岭间采撷民间风土、习俗、歌谣等创作了《北户录》，这是一部唐代岭南汉族风土录，记述了潘茂名。《四库全书》的唐代《北户录》记载，“往高凉，程次青山镇。……后一岁自潘州回路，历仙虚。”唐末崔龟从图注“仙虚”云：“潘茂真人烧丹之处，南人呼市为虚，今三日一虚。”所谓“虚”指岭南集市的称谓。潘州的仙虚因潘茂真人烧丹得名。唐昭宗时期广州司马刘恂的《岭表录异》可能最早将潘茂与潘州得名联系，今通行版本为鲁迅校勘，“潘州，昔有方士潘茂于此升仙，遂以名郡。”

北宋陵州知州乐史撰写《太平寰宇记》，属于全国地理总志。其援引《岭表录异》云：“按《岭表记》：潘州因道士潘茂升仙，遂以姓名为郡县之称。”《太平寰宇记》：“唐武德四年平岭表，于县置南宕州，后改为潘州，仍改县为茂名，以道士潘茂姓名为县也。”南宋王象之编纂《舆地纪胜》，这是南宋中期地理总志，记载茂名县得名史记——茂名县：在州西南十五里。《图经》云：县本西瓯、骆越地，秦属桂林郡，汉属合浦郡。晋道士潘茂古于东山采药炼丹，于西山升仙，镇南大将军冯游请于二山间筑城，遂以道士姓名建潘州、茂名县。晋代永嘉年间偶遇道士弈棋情节在宋代《舆地纪胜》已出现。在唐宋古籍开始出现的“潘茂”“潘茂古”，都是指“潘茂名”。

明清时期古籍文献关于潘茂名记载不少，明代嘉靖年间《广东通志》称，茂岭“世传潘茂炼丹其上，故名”。《大明一统名胜志》《郡县释名》都沿袭这种说法。清代阮元监编修《广东通志》、明代万历年间曹知遇等纂修《高州府志》、清代《光绪重修茂名县志》都有潘茂名记载。清初潘茂名被列入中国神仙系统，当时《历代神仙演义》对潘茂名有记载。清代光绪年间广西河池知州谭应祥组织人员编写《潘仙全书》，较为系统地介绍潘茂名情况。记录潘茂名外出求学于新都、建康，拜谒求教于茅山道士张玄宾的记录。《茂名县志·人物志》《茂名县志稿》有记载。

记者：根据目前你掌握的文献史料，古代有多少关于潘茂名的文艺作品？

廖君：两晋南北朝时期是中国最动荡的年代，我市古代属于高凉地区，生产力落后，那时期文化遗产不多。唐宋开始官方古籍逐渐增多，但以史述为主。元代属于高州路，此类文献甚少。关于潘茂名的文学艺术创作，主要在明清时期以来，诗词、歌赋、散文、楹联、传说、故事、碑刻、绘画等，约有110篇（幅）。其中流传较广泛有明代高州知府孔镛《石船丹灶》，明代广东参政郑阜义题诗，明代高州知府张邦伊《潘坡丹灶》，明代姚继舜《灵湫岩记》，清代屈大均《后高凉曲》《石船铭》，清代雷州参将潘拱宸《游观山有怀潘仙》，清代毛世荣《观山吕祖殿记》，清代陶正中《重修观山寺序》，清代潘江《潘仙赋》，清代谭应祥《观山赋》，清代余麟杰《潘仙采药歌》等。故事传说有“石船丹灶”、孔镛在笔架山传说、“西山观烟”、灭瘟疫救百姓、弟子林真人传说等。

记者：请你谈谈当代研究潘茂名的成果。

廖君：当代研究潘茂名的专家，张均绍是突出的一位，他在供职高州博物馆、高州图书馆、高州党史地志办的期间，长期坚持研究潘茂名历史文化，著有《岭南道教先驱潘茂名》，并从省立中山图书馆找到清代古籍《潘仙全书》（孤本），复印流传开来。高州文化馆副研究馆员周泽明，潜心研究高凉山歌，致力考察研究潘茂名历史。

许多作家、编剧、专家、书画家创作了不同体裁的艺术作品，包括：胡光焱的长篇小说《仁医潘茂名》、梁基毅的《潘茂名传》、刘劲的《潘茂名传奇》、“茂名十大文化名片”丛书之《潘茂名》（罗瑞著）、颜景友的章回小说《潘茂名演义》、大型古装粤剧《潘茂名》、我的综合性文化散文《走近潘茂名》、广东电视台系列剧《茂名传奇》、30 集电视连续剧《潘茂名传奇》（陈伟田导演）、20 集大型历史剧《潘茂名》（赵西盈、张琳娜编剧），三集人文纪录片《潘茂名》正在筹备拍摄中。我市著名书画家廖静、吴学翔、赖为朝、刘乃明、梁事明、杨亚斌、刘佩斯创作了关于潘茂名的书法作品，收藏于茂名高新区。

今年 2 月，茂名高新区整合多方资源，成立潘茂名文化研究院，统筹推进潘茂名历史文化研究与发展。茂名市科技局批复成立潘茂名中医药技术研发及产业化工程技术研究中心。高州市中医院定期召开潘茂名中医药学术研讨会，推出潘仙药囊、健脾和胃片等一批来源潘茂名原方的中药品。

记者：谈谈潘茂名与“好心茂名”精神的关系。

廖君：2019 年 11 月，我与专家朋友在反复研读清代古籍《潘仙全书》，在流传下来的潘仙签语第七十数发现，“济世有奇诀，救人须用心。三天曾纪录，四海尽知名。”这是指救人济世的奇诀在于用心，只要做到这点，就能天下扬名。今年 6 月在纪录片《潘茂名》剧本研讨会期间，我与中国作家协会副主席陈建功、中国作协《中国作家》原主编王山、广东省作协副主席张梅、著名作家张慧谋、著名考古学家邱立诚、广东石油化工学院教授卢诚、茂名市社科联主席郭亿万、茂名高新区管委会主任李确、茂名市纪委宣传部长何火权、陈朝晖、张均绍、周泽明、吴超君、姜桂义等权威学者专家，集中研究探讨，最后统一明确观点：“好心茂名”精神最初来源潘茂名，《潘仙全书》的“济世有奇诀，救人须用心”是充分的历史文献依据。潘茂名在 80 多年的生涯中，以道医身份一生悬壶济世，关爱民生，救死扶伤，扶危济困，体现一代岭南仁医博爱的情怀，这就是“好心茂名”精神的启元。与 150 多年后巾帼英雄冼夫人提出的“我事三代主，唯用一好心”，相辅相成，共同构建、发展、形成了“好心茂名”精神。

记者：请你谈谈潘茂名文化的概念、内容。

廖君：2019 年 3 月在纪念茂名建市 60 周年丛书《点赞茂名精选集》中，茂名市委、市政府正式提出“潘茂名文化”的概念、内涵。“潘茂名文化”是千百年来人民尊崇、信仰潘茂名过程中传承下来的物质及精神财富的总称，是一种岭南区域性文化。后世对潘茂名的纪念、研究和发展，涉及范围主要在粤西地区，其内容包括：“好心茂名”精神的启元、粤西道教医术、道教金丹术、“内丹”及中医药理论、道教的道场（斋醮、法事）、年例主祭礼俗、“济世救民”的思想、“无为、虚静、守拙”的人生观、“拜潘仙”信俗、潘茂名诞辰纪念日、潘茂名中医药传承与技艺制作等。

记者：目前我市还有哪些潘茂名弟子，他们医学贡献如何？

廖君：近年在茂名高新区、高州市中医院大力支持下，结合族谱文献资料，我们非常艰难曲折地寻找到潘茂名第 19 代中医药传人丁道长、第 20 代中医药传人梁崇礼，这是在宋末元初时期。帅堂梁氏第 18 代传人、潘茂名第 37 代传人梁玉瑜是清代岭南名医。帅堂梁氏 20 代梁谱埙、梁谱篪，通过创富传奇，成为民国粤西首富，1937 年兄弟俩建立安良堡古建筑群，成为粤西最大的岭南民居。潘茂名第 40 代中医药传人李立万出生在山阁烧酒村，其儿子李鳌才是潘茂名第 41 代中医药传人，是全国基层名老中医，他们父子都是广东省名中医，现李鳌才退休后仍在高州中医院出诊。广州中医药大学博士江洪亮、柯俊羽拜李鳌才为师，成为潘茂名第 42 代弟子。目前还有一批潘茂名中医药传人，他们正致力推进潘茂名中医药文化传承，推进潘茂名中医药技术研发工作，为岭南中医药学做出贡献。

茂名日报社全媒体记者杨海云

粤剧《潘茂名》首次亮相北京梅兰芳大剧院

2019 年 1 月 2 日晚，应中国戏剧文学学会邀请，由中共茂名市委宣传部、市文化广电新闻出版局指导，市文化传媒集团策划，茂名市粤剧团出品的新编大型历史名人粤剧《潘茂名》在北京梅兰芳大剧院精彩上演。演出高潮迭起、荡气回肠，堪称精美，大获好评。

中国广播影视出版社党委书记李鸥，中国戏剧文学学会副理事长、剧作家李东才，市委常委、宣传部部长倪谦与北京戏曲界的专家、茂名北京同乡会的朋友们以及北京戏迷等近千人一同观看演出。梅兰芳大剧院里，观众在等待《潘茂名》的开演。现场反响热烈，戏迷们对精彩表演大加赞赏。

《潘茂名》为观众解读“茂名市”的由来

潘茂名是一位伟大的历史人物，不但是岭南道教的先驱，还与古代先贤神农氏一样，遍尝百草，悬壶济世，炼制丹药，救活众多百姓，深受粤西人民敬仰，为世世代代传颂，是茂名市的根。市粤剧团结合茂名丰富的民间文化和民俗风情，深入挖掘和利用好茂名的历史文化资源，将潘茂名的丰功伟绩以粤剧形式呈现，为观众解读“茂名市”的由来，展示高凉文化的历史魅力，使全国各地人民更全面地了解茂名。

首次晋京亮相意义不凡

据了解，这不仅是《潘茂名》首次晋京亮相，也是茂名市粤剧团1959年成立后60年来第一次到北京演出，意义不凡。《潘茂名》是茂名市粤剧团着力打造茂名标志性文化品牌的一次有益尝试，自2017年6月25日推向观众展演以来，已经演出70场，受到群众热捧，还荣获广东省十三届艺术节剧目三等奖。

（来源：茂名发布）

纪录片《潘茂名》剧本文稿征求意见会召开

2020年6月5日，广东省茂名市委宣传部、市委网信办召开大型人文纪录片《潘茂名》剧本文稿征求意见会。来自北京、香港、广州及本地的著名导演、编剧、作家、专家踊跃发言，充分肯定了纪录片解说词及拍摄方案；并围绕文稿撰写工作进行深入探讨、积极建议，集思广益，精心打磨，不断完善文稿撰写工作，让群众更好地了解茂名历史文化。

茂名市委宣传部副部长刘志武发表讲话

据了解，此片由茂名市委宣传部出品，市委统战部、茂名市委网信办、茂名市网络文化协会联合主办，由广东米奇文化传媒有限公司、腾元影业（广东）有限公司联合制作，在浙江横店影视城及我市取景拍摄，纪录片《潘茂名》共3篇章构成，每篇章1集，包括“寻踪东南”“高凉传奇”“好心茂名”，全景式记录潘茂名历史文化，立体再现1700年前粤西传奇人物，展现粤西瑰丽的人文风情，弘扬岭南“好心茂名”精神。剧本文稿广泛征求意见后，将正式开始拍摄，争取2020年内拍摄完成。

茂名市委网信办主任何星华在会上发表讲话

会上，央视纪录片导演张宝刚、珠江电影集团华捷影业导演张雨充分肯定了《潘茂名》剧本，对茂名这座“好心之城”、潘茂名故里美丽风光大加称赞。他们表示，将在后期拍摄脚本中，如情景再现的细节、影视戏剧性、人物品格刻画、解说词精准通俗等略作调整和修改。

央视纪录片导演张宝刚在会上发言

珠江电影集团华捷影业导演张雨在会上发言

纪录片《潘茂名》总撰稿人、中国作家协会会员、潘茂名文化研究专家廖君表示，剧本四易其稿，在近几年研究潘茂名历史的基础上，带领团队深入在高州、广州、惠州、桂林、北流、杭州、南京等地，综合考究潘茂名历史文化遗址遗迹，寻找潘茂名文献书籍，掌握最全面史料文献。剧本定位以央视纪录片的表达手法、语言风格，通过遗址实景拍摄、历史场景再现、名家学者述说三者结合，挖掘出古籍《潘仙全书》的“济世有奇诀，救人须用心”的签语，与冼夫人提出的“我事三代主，唯用一好心”共同构建了岭南“好心茂名”精神。

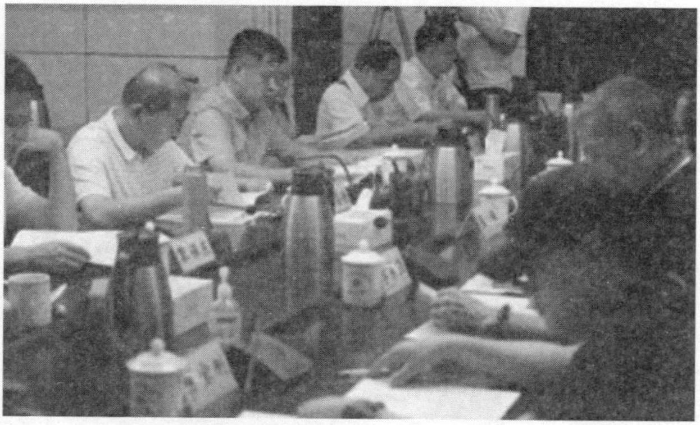

研讨会现场

茂名市委宣传部领导要求承办单位要整合各方资源，加强与《潘茂名》摄制组的沟通联系，深入挖掘《潘茂名》历史文化，及时消化吸纳专家意见和建议，扎实推进《潘茂名》文稿编撰、拍摄等工作如期开展；希望我市专家学者始终秉承开放包容、凝聚共识的姿态，加强文化交流与合作，发挥专业特长，继续深挖和利用好茂名的历史文化资源，推动我市文化产业的大繁荣和大发展。

（来源：茂名发布）

好心茂名的绚丽乐章

——读纪录片《潘茂名》解说词有感

细读《潘茂名》解说词，我思潮涌动，感慨万分，为廖君对潘茂名文化研究的不遗余力由衷敬佩，为廖君的深厚文笔功力赞叹折服！

我和廖君结缘于“潘茂名”。2018 年 12 月 22 日市第五届徒步节当天，茂名市和高新区党政主要领导亲自为潘茂名公园揭牌，公园以最美的姿态迎接 7 万多名市民群众的到来，公园成为了我市靓丽的城市名片，潘茂名的名字从此在茂名大地开始了前所未有的广泛传扬。市主要领导指出，要深入挖掘潘茂名历史文化，开展对潘茂名文化进行深度研究，要把潘茂名公园建设成为全市的核心景区，以及具有历史纪念价值的公园。

为切实做好潘茂名文化研究和潘茂名纪念馆的展馆布展工作，我和廖君为“潘茂名”擦出了思想和行动的火花。廖君是中国作家协会会员、岭南文化专家，2019 年 2 月，市政协和市委宣传部共同编写的茂名建市 60 周年献礼《点赞茂名》系列丛书发行，我第一时间认真拜读了廖君为《点赞茂名》所写的开篇之作《走近潘茂名》。《走近潘茂名》为《点赞茂名》丛书注入了灵魂，也是潘茂名文化研究一个崭新的开端，潘茂名悬壶济世、炼丹制药、救治百姓的形象在廖君笔下栩栩如生。《走近潘茂名》为潘茂名纪念馆（雨顺阁）的布展工作提供了指引和导向，2019年8月，根据高新区管委会工作部署，公园管理处邀请了市历史和文化专家廖君、何火权、卢诚、陈朝晖，还有省著名考古专家邱立诚等组成潘茂名纪念馆展览大纲编写专家组，潘茂名文化研究因此开始了更专业、更系统的探索和追寻。从2019年8月开启潘茂名纪念馆展览大纲编写，到2020年1月22日《仁医潘茂名》《潘茂名中医药文化馆》《茂名名人馆》三个展馆的布展完善开放，我由衷感谢廖君的辛勤付出，特别敬佩廖君对潘茂名文化研究的执着精神、精益求精态度和与时俱进创新思维。期间，廖君不辞劳苦跟我和专家们重走潘仙观、观山寺、思前井、超世寺等，亲力亲为到市图书馆、高州市图书馆和高州市博物馆查找资料，特别是利用周末休息时间翻山涉水，到电白区霞洞镇石船头村寻找传说中潘茂名的救人石船，辗转位于浮山岭西面根子镇和南面霞洞镇半山腰的当年潘茂名修炼地超世寺，寻找潘仙的遗迹，溯源潘仙的传说故事。

2020年1月中旬，已经临近春节，为了确保春节前完成潘茂名纪念馆的布展工作，为市民送上潘茂名春节文化盛宴，廖君精心策划学习考察线路，并跟我以及布展团队驱车千里，到广州岭南国医小镇、惠州罗浮山葛洪博物馆、中山市中医药文化馆考察学习，进一步拓展潘茂名文化研究领域，充分挖掘展示潘茂名南药资源、潘茂名中医药文化历史，深化传承潘茂名中医药教育和文化传承。临近春节布展的关键冲刺时刻，廖君跟潘茂名纪念馆布展团队并肩作战，通宵达旦审稿提炼，力求把潘茂名的展览做得更好，在廖君的感召下，廖静、吴学翔、赖为朝、刘乃明、刘佩斯等书画家纷纷提供关于潘茂名的诗词歌赋宝贵书画作品，令潘茂名纪念馆的展览增辉不少。《仁医潘茂名》《潘茂名中医药文化馆》《茂名名人馆》展馆因新冠肺炎疫情影响，春节后暂停对外开放，但有关领导和单位视察调研潘茂名纪念馆时，都对展览的潘茂名文化挖掘和展示赞不绝口。

几遍品读廖君的《潘茂名》解说词，潘茂名通过廖君的文笔，已经从《走近潘茂名》得到了进一步升华，茂名城市的名字，因为廖君的用心、用力、用情，更加注入了灵魂和实质，潘仙的精神，得到了更全面、更深刻的诠释，“好心茂名”精神正是启元于潘茂名，发扬光大于冼夫人。当然，关于潘茂名的历史记载资料尚且不多，我市对于潘茂名的研究还没有形成系统体系，多方研究共识有待进一步加强，这些对廖君做好《潘茂名》撰稿都是很大的考验，纪录片《潘茂名》目前三集的摄制工作还有很大凝练提升的空间。相信纪录片《潘茂名》的成功摄制，会迎来潘茂名文化研究和繁荣的新时代春天，“好心茂名”精神必将因纪录片《潘茂名》的诞生，在中国“好心之城”茂名谱写更加绚丽的乐章！

（文/唐昊成）

茂名发布：中国唯一一个以中医药师命名的地级市，你知道是哪里吗

潘茂名，俗称“潘仙”，晋代道医，后世尊为岭南仁医。他是“好心茂名”精神的启元，源自古籍文献“济世有奇诀，救人须用心”。潘茂名一生悬壶济世，医术高明，深受高凉百姓爱戴。为纪念他，人们用他的姓名命地名，隋代用其名命名茂名县，唐代命名为潘州，今天广东茂名市因之而来。

唐昭宗时期，广州司马刘恂在《岭表录异》记载：“潘州，昔有方士潘茂于此升仙，遂以名郡。”宋代全国地理总志《太平寰宇记》、明代《广东通志》《高州府志》都有记载，茂名县、潘州的命名来自潘茂名。潘茂名留下许多事迹，以扑灭瘟疫造福百姓的流传广泛，其大医精诚、救济苍生的精神为后世称颂。

战瘟疫妙手美名扬

公元 342 年，这是东晋咸康八年。粤西沿海地区瘟疫流行，由雷州半岛渔村开始，波及高凉郡。恐怖蔓延俚人的村落，高凉地区人心惶惶，哀鸿遍野。

潘茂名夜以继日地工作。为救治瘴疠患者，弟子们抓紧炼制丹膏丸散，煮制汤药凉茶。他们全力配合师傅操作。组织俚人用葛布缝制口罩，在集中治疗的院落内，施灌汤药，燃烧艾草，驱散瘟疫。这估计是现代类似的恶性疟疾，蚊子感染的虫媒传染病。历史文献没有记载当时药方，但青蒿、艾草产量丰富的高凉，这两种中草药功不可没。1000多年后，青蒿素对疟疾有效作用已经证明。

潘茂名在抢救一名急症病人，盘弟跟随在配合。当时农妇已经奄奄一息，她的家人惊恐万状，哭泣声并不影响潘茂名的救治。针灸，在古代急症的救治中发挥重要作用。放置在农妇的腹部穴位的艾绒在烧灼，很快疏通经络，镇痛扶正。农妇苏醒过来，家人们齐刷刷跪拜潘茂名。

当地官府在潘茂名指挥下，救灾有序推进。人们守望相助，免费领取药物，无偿就地治疗，中医药的光芒照耀千年。丹膏汤药发挥重要作用，古老的防疫措施明显有效。潘坡（位于东山，即今天高州城区东部，包括东门岭、镇头岭以及茂岭等群山），成了人们感恩戴德的地方。高凉中药的神奇，潘茂名的妙手仁心，重燃他们生活的希望。

潘茂名中医药文化传承与发展

潘茂名，东晋以来世人慢慢淡化了他道家身份。在道医盛行的时代，对他寄以仁医信托，与符箓派道士区别开来。

据考证，潘茂名治病求本，未病先防。擅长治疗瘟疫类疾病、儿科疾病，尤其疳积等疾病。潘茂名兼通儒学、道家、易学。他的“内丹”理论、康养学说、中医学理论影响了众多弟子，他的学术思想及医药技术在粤西地区广泛传播。

潘茂名中医药弟子传承至今已有42代。宋代以来，第19代中医药传人丁道长，第20代中医药传人梁崇礼，第37代传人梁玉瑜，第38代传人潘金福，第39代传人李茂佳，第40代传人陈伯缘、林巽权、李立万都有突出医学成就。林巽权、李立万先后成为广东省名医，第41代中医药传人李鳌才是全国基层名老中医，第42代中医药传人江洪亮是广州中医药大学博士。历代潘茂名弟子们秉承其“静虚、守拙”的理念，坚守“大医精诚”“济生有奇诀，救人须用心”的古训。医术在师徒间相传，学术思想得以保存。

这些潘茂名中医药传人，将数十条秘方献给国家。保留古法，结合现代技术，在茂名多家中医院用于临床。跌打酒、风湿膏、生精片和胃片、香囊、肚兜、药枕。每一种中药背后有一个遥远而温暖的身影。2020年2月，茂名高新区整合多方资源，成立潘茂名文化研究院，统筹推进潘茂名历史文化研究与发展。

2019年，茂名市科技局批复成立潘茂名中医药技术研发及产业化工程技术研究中心。高州市中医院定期召开潘茂名中医药学术研讨会。潘茂名中医药文化具有悠久历史，底蕴深厚。他创制方药具有预防、保健及治疗的效果。治病指导思想，比如阴阳五行，就是原始中医思想，强调修炼内心。

（文/廖君）

茂名日报“文化”专栏：仁医潘茂名

这是古老而真实的历史人物。

潘茂名，俗称“潘仙”，晋代道医，后世尊为岭南仁医。他是“好心茂名”精神的启元，源自古籍文献“济世有奇诀，救人须用心”。

潘茂名一生悬壶济世，医术高明，深受高凉百姓爱戴。为纪念他人们用他的姓名命地名，隋代用其名命名茂名县，唐代命名为潘州，今天广东茂名市因之而来。唐昭宗时期，广州司马刘恂在《岭表录异》记载：“潘州，昔有方士潘茂于此升仙，遂以名郡。”宋代全国地理总志《太平寰宇记》、明代《广东通志》《高州府志》都有记载，茂名县、潘州的命名来自潘茂名。潘茂名年轻时东南求学，经韶关、福建、浙江、江苏、惠州、北流等地，游历万里，修炼20年，结识道家名医张玄宾、葛洪等，成就古老医学传奇故事。潘茂名留下许多事迹，以扑灭瘟疫造福百姓的流传广泛，其大医精诚、救济苍生的精神为后世称颂。

之一：战瘟疫妙手美名扬

公元342年，这是东晋咸康八年。

粤西沿海地区瘟疫流行，由雷州半岛渔村开始，波及高凉郡。恐怖漫延俚人的村落，高凉地区人心惶惶，哀鸿遍野。

潘茂名夜以继日地工作。为救治瘴疠患者，弟子们抓紧炼制丹膏丸散，煮制汤药凉茶。他们全力配合师傅操作。组织俚人用葛布缝制口罩，在集中治疗的院落内，施灌汤药，燃烧艾草，驱散瘟疫。这估计是现代类似的恶性疟疾，蚊子感染的虫媒传染病。历史文献没有记载当时药方，但青蒿、艾草产量丰富的高凉，这两种中草药功不可没。1000多年后，青蒿素对疟疾有效作用已经证明。潘茂名在抢救一名急症病人，盘弟跟随在配合。

农妇已经奄奄一息，她的家人惊恐万状，哭泣声并不影响潘茂名的救治。针灸，在古代急症的救治中发挥重要作用。放置在农妇的腹部穴位的艾绒在烧灼，很快，估计疏通经络，镇痛扶正。农妇苏醒过来，家人们齐刷刷跪拜潘茂名。

感恩，接续医学的神奇。当地官府在潘茂名指挥下，救灾有序推进。人们守望相助，免费领取药物，无偿就地治疗，中医药的光芒照耀千年。丹膏汤药发挥重要作用，古老的防疫措施明显有效。潘坡，成了人们感恩戴德的地方。高凉中药的神奇，潘茂名的妙手仁心，重燃他们生活的希望。

之二：潘坡丹灶的传奇

公元 331 年，东晋咸和六年。

这一年的冬天，潘茂名终于回到故乡，考察过地理位置，决定在观山隐居，选在东山作为采药基地。在东山山坡设置炼丹灶，运用在江苏句容掌握的技术，采药炼丹，行医济世。后人把潘茂名设立炼丹灶的东山坡称为“潘坡丹灶”，成为高凉八景之一。

潘坡丹灶遗址在高州潘仙祠前面左侧的空地上。潘坡丹灶由于使用时间很长，在地上形成了一个隆起地面的烧结层。在烧结层中间，有一个大如盘口的灶口，这就是丹灶口。传说在丹灶口放上杂物，经过一夜晚后会神秘消失。距离高州 490 公里的广西桂林，有一处岩洞与这个历史遗址有关联。南宋庆元年间，广西转运使朱希颜将两屏茂名县产玉石送给宋朝副宰相洪迈。洪迈欣喜若狂，如获至宝，起了一个漂亮的名字：“潘仙人丹”，南宋《方舆胜览》称之为树石屏。茂名“树石屏”，其实就是由潘茂名炼丹遗下丹剂凝结而成，一种珍贵的历史文物。洪迈专程创作了《高州石屏记》，雕刻在桂林漓江畔的龙隐岩。

晋代以后，人民为了“潘坡丹灶”遗迹，专门在上面建造一座凉亭，称丹灶亭。20 世纪六七十年代，高州张均绍在明清古籍中发现“丹灶亭”白描图，拍摄保存下来。

之三：采药东山垦荒茗园

“邑有仙人名茂名，丹邱访道悟棋枰。蛇窦雁行通易理，丹砂白石恣煎烹。别有大还成九转，出郭悠然任意行……”

这是流传千百年的《潘仙采药歌》，是清代余麟杰在前人基础上收集整理的作品。“朝汲泉于此山，暮洗术于鉴水，采丹田之芝，煮白石之髓，嚼瑶笋之芽，餐碧柰之蕊，勤洗伐而脱尘凡，取精华而去渣滓。”清代举人潘江在《潘仙赋》中，对潘茂名采集草药情况作了生动的描述。

在古老的高州城，还保留高凉时期潘茂名采药炼丹的东山、茎园、思前井的遗址。

公元 331 年开始，潘茂名重点在东山采药制药。

东山位于今天高州市区东部，包括东门岭、镇头岭以及茂岭等群山。东山从城东一直绵延至城北，长达五六公里。东山山清水秀，草木葱茏，植被丰富，百药丛生。为规范种植管理，潘茂名在东山山坡开荒建成药物种植园，这就是著名的茎园。药园种植丰富，薄荷、紫苏、留兰香、荆介、艾草、益母草、灯芯草、夏枯草、车前草、菊花、鱼腥草、金银花、蒲公英、天冬、生地等，许多是潘茂名引种浮山岭、东山的常用药，也有高凉以外引种回的珍稀草药。茎园一年四季如春，色彩斑斓，芳香四野，远近闻名。现在茎园遗址已经开发利用，城市建设已经掩埋茎园遗迹，但东山茎园名称一直保存下来。

当年为保证炼药水源使用，潘茂名与弟子们在茎园北角开凿了一口专门制药炼丹的水井，后人称为“思前井”。思前井深约 2.5 米，井宽 0.8 米。泉水奇特，水位稳定。潘茂名选址时考虑与龙山水脉相通，相传为龙湫之水。世人用此泉水制作豆腐，可以保鲜多天。用此泉水泡茶，芳香四溢。《太平寰宇记》《茂名县志》记载，唐代高力士回潘州探亲时，曾经从思前井汲水一桶回到长安，送与唐玄宗泡茶，深得皇帝喜欢。因而，思前井又称为“贡井”。

由于思前井历史意义及水质纯美，千年古井保存至今，成为茂名市文物保护单位。思前井四周已经被住宅区楼房包围，现建有古朴围墙保护，文物牌匾完好，水质清冽，冰爽无比，成为潘州古城的网红打卡点。

之四：潘茂名中医药文化传承与发展

潘茂名，东晋以来世人慢慢淡化了他道家身份。在道医盛行的时代，对他寄以仁医信托，与符箓派道士区别开来。

据考证，潘茂名治病求本，未病先防。擅长治疗瘟疫类疾病，儿科疾病，尤其疳积等疾病。潘茂名兼通儒学、道家、易学。他的“内丹”理论、康养学说、中医学理论，影响了众多弟子，他的学术思想及医药技术，在粤西地区广泛传播。

潘茂名中医药传人传承至今已有42代。宋代以来，第19代传人丁道长，第20代传人梁崇礼，第37代传人梁玉瑜，第38代传人潘金福，第39代传人李茂佳、吴朝平，第40代传人陈伯缘、林巽权、李立万都有突出医学成就。林巽权、李立万先后成为广东省名医，潘茂名第41代中医药传人李鳌才是全国基层名老中医，潘茂名第42代中医药传人江洪亮是广州中医药大学博士。历代潘茂名弟子们秉承其“静虚、守拙”的理念，坚守“大医精诚”“济世有奇诀，救人须用心”的古训。医术在师徒间相传，学术思想得以保存。

这些潘茂名中医药传人，将数十条秘方献给国家。保留古法，结合现代技术，在茂名多家中医院用于临床。跌打酒、风湿膏、生精片和胃片、香囊、肚兜、药枕，每一种中药背后有一个遥远而温暖的身影。

（文/廖君）

茂名日报“文化”专栏：寻找潘茂名传人

这是古老而荣光的系列故事，源于“岭南仁医”潘茂名。

有些片断虽历千年，但在吉光片羽的文物遗址遗迹中，通过用想象的双手，还原一个个鲜活而亲近的潘茂名弟子。潘茂名是晋代道医，广东茂名市市名的来源。后世流传的“济世有奇诀，救人须用心”成为“好心茂名”精神的启元。

在这里，寻找4名潘茂名中医药传人。我与潘茂名第42代中医药传人江洪亮博士，沿着一代道医的线索，寻找潘茂名传人的踪迹。

之一：丁道长的宋代扶危

公元1278年深秋，这是宋末元初时期。高凉地区变为高州路，古老的土地又动荡不安。

梁崇礼躲到高州观山。他身负重伤，在鉴江西边的深坑草丛中，他难得短暂的休息。元朝的官兵开始搜山了。饥寒交迫，创伤严重，深坑中的梁崇礼慢慢昏睡过去。搭救他的是观山升真观的丁道长。作为潘茂名第19代中医药传人，丁道长遇上一位注定写入粤西医学史的关键人物。一次结缘成师徒，一面师徒成诀别。1000多年后，梁崇礼与丁道长重现新都石室的传奇故事。

害怕官兵的继续搜捕，匆匆一个月，初愈的梁崇礼藏好师傅送的医书验方，来不及留恋，渡江而去。

丁道长是目前可溯源查到的潘茂名较早中医药传人。

之二：安良堡与潘茂名中医药学

千百年来，这里是很美的地方。

南山环拥，曹江河自北潺潺而来，直向安良堡，折过催官岭绕村而过。水波潋滟，竹林葳蕤，白鹭争鸣，舟楫渔家。这里仿佛只见水流入不见水流出，山水际会，钟灵毓秀。

梁崇礼来到曹江河畔安顿下来，在今天茂名高州曹江镇安良堡村。作为潘茂名第20代中医药传人，梁崇礼将所学医术传授后人，逐渐成当地望族。1988年在广东罗定县三达祠重修梁氏族谱发现，梁崇礼是如映公第三子，高州帅堂梁氏始祖。梁崇礼绝对想不到，来自泷州的他在高州路接过潘茂名的衣钵，这是一次关键传承。

100多年后，梁氏第6代梁键受朝廷重用，担任明朝交州通判，这是梁氏家族医仕结合开始。清朝初期梁氏第15代梁明溪考取进士，家族再度兴旺。他的儿子梁纯斋牵头，1851年建成安良堡旧宅，开启一幢岭南传奇大屋的故事。

梁玉瑜，帅堂梁氏第18代传人，潘茂名第37代中医药传人。清朝乾隆年间，他在新疆担任镇迪道太守。亦仕亦医的梁玉瑜，口授《医学答问》，由浙江秀水陶保廉整理而成。梁氏家族医仕结合发展，坚持祖师潘茂名悬壶济世的理念，施医赠药，深受世人爱戴。梁氏 20 代，梁殷臣儿子梁谱埙、梁谱篪，通过创富传奇，成为民国粤西的首富。1937 年兄弟俩拆除旧堡，建立怡园、永春园，安良堡古建筑群成为粤西最大古民居建筑群。埙、篪都是古代乐器，合奏的声音和谐悦耳，寓意兄弟和睦，家承恒远。现在我们只能从博物馆倾听这些音乐，回望一代高凉的传奇。

之三：烧酒村的祖师传承

寻找潘茂名传人，多年来在质疑与考究过程中，总碰撞出惊艳的光芒。求索，一路同行。

我们车子由茂高快线拐入，不久就到茂名市茂南区山阁镇烧酒村。江洪亮不是第一次来。7 年来，我们查阅大量资料，寻访潘茂名其他中医药传人。种种历史原因，潘茂名道医身份的顾忌，世人以“祖师”含蓄记录。我们失望过，更多是惊喜。沿着江洪亮寻找祖师的线索，继续前行。

梁玉瑜之后，清朝道光年间，潘金福跟随师父在高州观山行医，成为潘茂名第 38 代中医药传人。李茂佳，又名李进华，1869 年出生，潘茂名第 39 代中医药传人。他在观山跟随潘金福道长学成归来，回到烧酒乡行医。他系统地继承潘茂名中医药学术思想，可惜子孙无意学医，只好将医术传授陈伯缘、林巽权、李立万。三位徒弟都是潘茂名第 40 代中医药传人，医术医德在粤西地区独树一帜。陈伯缘是高州中医院创始人。林巽权医术民国时期声名远播，编著出版《水肿十四方》，被“南天王”陈济棠聘为“广东省伤兵治疗所军医”，广东独立第三师师长李汉魂送匾题词：“巽权医师大国手，仓扁第二”。生于1915年的李立万，17岁因病求医，后励志学医，受同村人李茂佳教授。先在分界广南医院行医，后来到高州中医院工作。林巽权、李立万成为广东省名中医。

2020年春天，我与纪录片《潘茂名》摄制组走进高州市中医院。疫情中的医院，弥漫着安神的艾叶芳香。大医精诚，隔着1000多年，仿佛回到潘茂名的中医药殿堂。

不善语言的李鳌才退休后返聘，得当保养与医学自律，让他拥有硬朗的身板。父亲是潘茂名第40代中医药传人李立万，父子俩都是广东省名中医。李鳌才是潘茂名第41代中医药传人，是全国基层名老中医。江洪亮、柯俊羽是他贴身的徒弟，分别在攻读中医博士研究生、硕士研究生。目前协助师傅出版医学文集，整理潘茂名学术研究文献。李鳌才行医济世不追求回报，他对祖师父潘茂名签语训导，熟读于心：“药肆放灵丹，救人万万千。到头登彼岸，渡过入仙班。”

之四：鳌头古镇寻医踪

在茂名市郊区，袂花江穿镇而过。

这是广东历史文化名镇，鳌头镇有600多年历史，这里人杰地灵，有粤西古驿道、古衙门、古城池、泰升当铺、文武帝庙。

吴超君先生在古圩镇等候多时，穿行鳌头圩西街，他要带我在寻找明清医馆的遗址。

这位茂名市公安局茂南分局的退休干部，是当地文史研究专家，其家族与潘茂名有关。清朝道光年间，潘茂名第 38 代中医药传人潘金福学成归来，隐居高州观山。潘金福传承弟子多名，包括鳌头人吴朝平，就是吴超君的祖父。1874 年（清同治十三年）吴朝平出生于鳌头，16 岁到高州府城高成仁记大药房做炊事，兼学医 5 年。高成仁记是潘茂名嫡传弟子的医馆。

吴朝平成为潘茂名第 39 代中医药传人，他学成后到吴川梅箓开设岐生堂医馆，供奉潘茂名头戴方巾的画像，传承“济世救民”宗旨。吴朝平传授保健秘方、膏丹丸散技艺给儿子吴端岐，吴端岐成为潘茂名第 40 代中医药传人。吴端岐又把医术传给长子吴汉，次子吴超君。吴超君老家还保存着许多医学古籍，包括潘茂名中医药验方。吴超君儿子吴一冲，现成为中山大学医学博士。虽然他不再以潘茂名中医药传人称谓，但一脉相承地传承潘茂名的中医药文化。

从北鉴村出来，我们站在袂花江畔，远望浮山岭的方向，那是潘茂名的故里。

在半山腰的超世寺，有一幅古老的潘茂名画像，只见他炯炯有神，目光如炬，注视车水马龙的四野，不只是在高州大地，不只是在鳌头古镇，他影响岭南之西，穿越千年。

（文/廖君）

雨公山记

雨公山，也谓公岭，坐落今广东茂名高新技术产业开发区七迳镇。明洪武二十一年（1388 年）始建雨公庙，迄今 650 余年。原为岭南仁医、岭南道教先驱潘茂名之传人——林真人修道场所，为历史悠久粤西道教圣地。

雨公山东拥潘州大道，西傍茂名大道，北绕市民大道，291 省道擦肩而过，毗邻中国最大乙烯生产工厂，沙琅江自西北潺潺而过。居茂名城市组团中部之要塞，南眺南海胜景，北望浮山叠翠，西听茂南市声，夜观石化璀璨。雨公山风光秀美，方圆 30 平方公里，乙烯塔林高耸，山川田畴，城镇巷陌，粤西人家，炊烟袅袅。任山麓车辆川流不息，唯风光这边独好。得天独厚的地理位置，铸就茂名城市地标之一。

1999 年，经国家宗教事务部门批准，雨公山恢复道教活动场所，建立雨公山道院。2017 年 7 月建设雨公山公园，2018 年 12 月 22 日潘茂名公园正式开园。

雨公山历史文化源自林真人，其原名林启初，又名云游道人，原籍电白。其出身寒微，生性好学。少年履步江西龙虎山拜师学道，有幸受教，精通《道德经》《清净经》《玉皇心印妙经》。承名师高道指点，历30余年修炼，掌握五行遁法要则，精炼道教清微派之雷雨术、击雷法。相传林真人念家乡旱灾多发，民不聊生，决定一路布施返乡济世。归途收徒徐二、郑六。适逢电白旱灾，民不聊生，于是林真人设坛求雨，想保耕收。传说吉日于沙罗埇村附近立坛设醮，斋戒沐浴，坛内法天象地，施法击雷求雨。求雨过程两徒舍命忠师，葬身火海。林真人获释悲痛万分，自弃五行遁法之术、跳入火海以表愧疚。

尔后，醮坛杂物散流各地乡村，丰富村落文化。传说信众所戴的帽冠漂流一条村庄，形成织帽村。醮坛的7条木流到七道，演变为七道村。纸扎马漂到马鹿，形成马鹿村。一樽神像流到海尾北部，后建庙恭奉林真人，取名北留庙。余一面铜锣漂到沙罗埇村，一只罗锤流到罗权村。

当地村民感念大法师林真人，集资筹款建立雨公庙。此庙历经沧桑，屡毁屡修。相传庙内西廊原设道德讲堂，明朝进士（陈宗英儿子，陂仔村人）在此设教，清朝乾隆年间举人冯伴（油麻坡村人）于此读书，清朝咸丰年间举人郑继佳（那楼村人）赠楹联“雨润万物恩德敷大地，公心为民烈义薄云天”。粤西吴川、高州、阳春等地信众络绎不绝，逢天旱求雨，诚心虔虔，影响深远。

清朝电城一名县官求雨未遂，亲临雨公山接迎林真人塑像到坛施雨，后达雨愿。县官喜赠一副楹联：

舆两大争权忍把炎阳焦庶类，

唯一人布化急把霖雨济苍生。

雨公山，600年风云际会，充满神奇传说与历史韵味。潘茂名公园兴建为此地注入强生之动力，中医文化、道教文化、南药文化、潘茂名文化等国学精华，由此涅槃重生，“好心茂名”精神从此繁衍传播。

（文/廖君）

茂名市潘茂名纪念馆前言与结束语

昭昭千年，高凉古风。太熙宁康，晋士传奇。

潘茂名，俗称“潘仙”，西晋高凉郡浮山人，岭南道教先驱。隋开皇十八年（598 年）设立茂名县。唐贞观八年（634 年）用潘茂名之姓改南宕州为潘州。茂名市名称因之而来。

一座城，一位历史名人。回眸 1700 年前，“好心茂名”精神源自 3 世纪潘茂名与 6 世纪冼夫人，形成茂名人独特的灵魂、基因和特质。后世发展形成“潘茂名文化”，列入茂名十大文化名片。

习近平总书记强调，要坚定文化自信。潘茂名文化是我们坚定岭南文化自信的宝贵遗产。本馆展现潘茂名的生平事迹、故事传说和历史影响，从而窥探潘茂名的文化光华。

传承是一种力量。回眸历史，光耀高凉。

潘茂名是一位后世仙化式名人，一种粤西精神财富。作为鲜活的晋代传奇人物，对潘茂名的历史文化研究，不只限于早期医学与道教。“行道立德，济世利人”。弘扬潘茂名历史文化，以科学唯物主义观剔其糟粕，取其精华。习近平总书记强调，“要全面贯彻党的宗教信仰自由政策，依法管理宗教事务，坚持独立自主自办原则，积极引导宗教与社会主义社会相适应。”

展望未来，秉烛前行。源于潘茂名与冼夫人的“好心茂名”精神，诠释了潘茂名的人文魅力与丰富内涵。尊敬先贤，承前启后，“潘茂名”已列入《茂名市中华优秀传统文化读本》，希望年轻一代认识潘茂名，读懂潘茂名，自觉做优秀传统文化的传承者、守护者、弘扬者，增强岭南文化自信。

（文/廖君）

茂名市潘茂名中医药文化馆前言与结束语

泱泱中华，中医中药纵横神州数千年。

中医药学乃中华文化之瑰宝，为中华民族繁衍生息做出巨大贡献。阴阳平衡，药食同源，扶正固本。博大精深的中医药文化，催生了繁星璀璨的中医药名家，岐黄之术传承千年，造福华夏。

西晋以来，以潘茂名为代表的古高凉早期医学家，在岭南之西部，充分挖掘粤西天然药源，淘炼丹石，采摘百草，筚路蓝缕，悬壶济世，福荫桑梓，惠泽万民。潘茂名行医济世的故事流传1700年，其倡导的“内丹”理论、炼丹术、康养学说及中医学理论，对岭南中医药学发展有重要作用。潘茂名的医学思想汇融形成“潘茂名文化”，成为茂名十大文化名片之一。潘茂名“济世救民”的思想汇融形成“好心茂名”精神，成就南方油城、滨海绿城的精神实质与城市基因。

新中国成立以来，党中央高度重视中医药工作，特别是党的十八大以来，以习近平同志为核心的党中央把中医药工作摆在更加突出的位置，中医药改革发展取得显著成绩，岭南中医药学发展有巨大飞跃。粤西茂名后发之势锐力向前，以岭南仁医潘茂名为品牌，集聚粤西百家草本之精华，汇合千年名家研究之成果，记录、展示地方中医药发展，潘茂名中医药文化馆应运而生。

本展馆以中医学“四诊”（望、闻、问、切）为主线，构成四大部分展示内容，概述中医药学及岭南中药文化发展，展现潘茂名中医药文化思想及粤西南药发展情况，普及中医药学基本常识，探秘粤西名医历史故事，展示茂名中医药研究成果及康养产业发展前景。

杏林春暖沐早霞，绿叶扶疏绽百花。进入 21 世纪第二个 10 年，岭南中医药学正焕发巨大的生机与魅力。

又见“思前井”，遥望“西山观烟”。穿越时光 1700 年，潘茂名当年在高州草药种植园开凿的水井，依然泔洌无比，潘茂名中医药文化源远流长。

承袭千年著园的芳香与光华，矗立在雨公山的潘茂名中医药文化馆，将是长期开放的专门性博物馆，是粤西地区中医药文化精华荟萃胜地。展馆的建立，融合粤西中医药文化精髓，是茂名市中医药事业发展需求，是弘扬“好心茂名”精神要求，也是中医养生保健事业兴旺的展现。建设完善潘茂名中医药文化馆，期待更多有识之士共同参与，积极提供粤西中医中药的文物、文献、标本等资料。

此次临时展览主要以图文方式进行，权作半小时岭南中医药文化知识普及课。不久将来，本馆综合采用全息投影、标本展示、立体雕塑、平面展板、成果陈设、观众互动等方式，进行导引展览。敬请期待。

（文/廖君）

高州市潘茂名中医药文化馆简介

潘茂名中医药文化馆，位于广东省高州市中医院院区内。

高州市中医院是一所三级甲等中医医院。医院创始人之一、广东省名老中医李立万是潘茂名第 40 代中医药传人，其将潘茂名第 39 代中医药传人李茂佳先生所传医术，结合自己所学，秉承祖师“仁心仁术，至精至诚”的理念来救治病人，每获良效。李立万先生将自己所学，毫无保留地传给了年轻的一代，使潘茂名的中医药技术及仁医精神得以发扬光大。为弘扬中医药文化，纪念潘茂名为粤西医学做出的贡献。高州市中医院目前筹建了“潘茂名中医药文化馆”。

本馆建筑面积约 400 平方米，主要包括中医药文化展示厅、中药材展示厅、潘茂名中医药文化展示厅及医院历史展示厅。通过这 4 个部分及多媒体技术，向广大群众展示了中医中药的历史文化，再现了潘茂名行医济世场景，展示了高州市中医院与潘茂名的传承关系及相关医学成果等。

（*文/廖君*）

梁玉瑜《医学答问》学术思想及源流探析

广州中医药大学附属高州中医院

江洪亮　杜菡　李鳌才　伍世绩　陈钦　梁东全

[摘要]《医学答问》是清代岭南名医梁玉瑜所著，该书介绍了梁氏的医学思想，并提及了其医学传承情况。笔者通过研读该著作及相关研究文献，实地走访梁氏后人及查阅梁氏族谱等方式，梳理出梁玉瑜家族的医学源流及总结了梁氏《医学答问》中的学术思想。梁氏的医学来源于西晋时期岭南名医潘茂名，经过千余年的发展，形成了以潘茂名中医药思想为核心的具有岭南特色的医学流派。

[关键词] 梁玉瑜，潘茂名，《医学答问》

《医学答问》是由清代岭南名医梁玉瑜（字特岩）在新疆任镇迪道太守时所传授，由浙江秀水陶保廉（字拙存）辑录整理而成。国内学者对其研究颇多，但有学者将其归为陶保廉所作，这是有失严谨的。笔者以中国中医药出版社2008年出版的《医学答问》为基础，通过查阅文献，查阅梁玉瑜族谱及走访梁氏后人等方式，整理了其家族医学源流及学术思想，具体如下。

一、关于梁玉瑜的医学源流

梁玉瑜，字特岩，是清代光绪年间高州府茂名县曹江镇人士，是梁氏第 18 代传人，也是潘茂名第 37 代中医药传人。其始祖号二十七舍公，族谱记载其因避战乱，诺其名，遂失其传，原配亦不知其姓。在 1988 年重修族谱时，在罗定县三达祠才查访出其始祖乃是如映公之第三子崇礼。访谈梁氏后人，其后人谈及家族历史时讲述：崇礼在宋末元初（约 1276～1280）时，因战乱躲避到高州观山一带，当时饥渴交加，身负重伤，被观山寺潘仙观丁道长所救治并传授医术医书。丁道长是西晋时期粤西名医潘茂名第 19 代中医药传人。崇礼伤愈学成后，定居在现高州市曹江镇安良堡村委会。他将所学医术传给后人，其后人不断总结并将其发扬光大，梁氏也逐渐成为当地较为有名的家族。梁氏家族传到第六代梁键时，家底逐渐丰厚，梁键也被明朝廷重用，任交州通判，这是梁氏家族开始医仕结合的开始（这符合古代不为良相，便为良医的习惯）。这些在梁玉瑜的《医学答问》中亦有所记载。经笔者实地调研亦是如此，梁氏家族确是一个医仕结合式的发展。梁氏家族坚持潘茂名胸怀济世之志，治病救人，遇到穷苦人家求治时，往往是送医送药，深受当地群众爱戴。其历代捐资修建桥梁及书院无数，梁氏门生亦遍布高凉大地，为当地社会经济发展做出了杰出的贡献。经过数百年的经营，到新中国建立前，其家族在高州府已经发展成为地方第一望族，号称粤西第一大地主。其家族所修建的梁氏大宅至今仍屹立在曹江安良堡。20 世纪 90 年代，广东省文物保护机构曾对其进行评估，认为梁氏大宅年代久远，保存良好，其建筑风格及规模在广东省是罕见的，建议对其进行系统的保护。2017 年，梁氏后人梁意昭（中山大学生命科学学院教授）代表家族，将该宅赠予高州市人民政府，体现梁氏优秀的家族传统，目前该宅是广东省文物保护单位。

梁氏《医学答问》全书分 4 卷，从诊断、病因病机及预防保健等方面进行了论述，其书深入浅出系统地论述了中医的诊病治病要点，注意事项。同时亦对当时喜用温热药的风气进行了批判，强调中医需辨证论治，不能过于执持某一派学说，更不能拘泥于古方经方，应该从医理上进行系统分析，抽丝剥茧，辨别真假，对症下药。梁氏尤其擅长辨舌，他另外著有《舌鉴辨证》，是目前现存关于舌诊最早最系统的医学著作，广州中医药大学基础医学院陈群教授等对该著作作出了高度评价，认为该著作是中医舌诊里程碑式的著作。

二、关于四诊

1. 望诊。梁氏强调望诊不可拘泥于《内经》中记载关于人的面色的论述，他认为“古人之言质直，不可拘执，人面白黑必无如羽如漆之理”，应当“以意会之，求其光明润泽而已”。梁氏认为，读《内经》应当理解其内涵，不应死读书，读死书。他说，“读《灵》《素》，当知其发挥之妙。八面玲珑，非死煞句下，如痰血休治，泻子补母，无殒无殒，虚虚盛盛句，言在此，意在彼，当正本清源也”，“其譬喻之词，如‘红如裹朱，白如鹅羽’句，非确有是色，可以意会不可言传”。这些论述，给我们当代人学习中医是一个非常宝贵的经验，为我们学习经典著作提供参考方法。

梁氏的望诊记载最详细的是望舌，他给常人之舌的判断标准至今也是我们望舌的标准，“凡舌色正红，不深不浅，不赤补紫，不粗不涩，津液如常者无病”。并且，他指出，“或微有或黄或白之浅薄涨腻，一刮即净者，此因食物中之寒热不等，稍有留滞在胃中，胃气盛者，片时转远，即能消化，此亦无病”。这给我们临床实践很大的提示，不要见到异常舌苔即判断患者有病，应当使用刮舌板刮一下，以帮助判断病情。笔者在临床实践中，很少进行这样的操作，但是在学习梁氏这本著作后，有如“当头棒喝”，给我莫大的提醒，也感叹梁氏诊病的细致缜密。他指出，食物及烟瘾深者，舌色也会受到影响。他说，“有食物能使舌黑者，如食酸菜……或烟瘾深者，舌亦易黑”。在描述各种舌的形状时，他描述得更是传神，比如在谈及阴亏舌的表现时，他是这样说，“凡阴亏之舌，绛色无苔，非红非紫，难以笔述，其色瘀滞如鲜瘦猪肉，重者则如将腐之肉”。

2. 闻诊及问诊。梁氏言“闻者，察其声音气息，以审病所在也”，他指出，应该从患者声音及鼻孔呼出的气息的清浊、大小、缓急来判断病的寒热虚实及轻重缓急。更加值得我们学习的是，闻患者口中的气味来帮助辨证，如“鼻气热而嫌烦，口气臭而酸糟者，是实热里症也，治宜寒凉”，“如声微音短……鼻气冷，口不臭，喷气无味者，是里虚寒症也”。这些都是我们传统医学收集四诊资料的重要方法。关于问诊，梁氏讲述非常详细和实用。他认为，问诊是医者非常重要的一环，他说：“问者，究其病根也。”而在问诊的方法上：（1）长幼的问诊，他概括为“老问有何不健，幼问有何不安”。（2）男女的问诊，他指出“男问有无遗泄，女问有无闭经”。（3）关于患者的主诉，他概括为“总问有何要病”。（4）关于问及外感之邪及内伤七情，他说“表问有无风、寒、燥、火、暑、湿，里问有无喜、怒、忧、思、悲、恐、惊”。（5）因人不同，和患者交流的语言及问诊方式也不一样，要了解患者的社会生活状态，他说“问平日有何种嗜好，问工商以执业情形，问士人以所攻何书”。（6）最后他强调：“问症以审寒热虚实，问病以分气血痰郁，问疾起何时，病因何起，初起何状，病变若何，曾服何药，有无效验，思饮食否？”他这些问诊的方法及要点是与我们现代医学采集病史所问及的内容是非常一致的，更加值得我们关注的是，透过他这种问诊方法，我们可以推断梁玉瑜所提倡的医学模式是：生理–心理–社会的医学模式，这比美国恩格尔教授提出的新医学模式早了 100 多年。这也是我们中医学“天人合一”观念的重要体现。

3. 脉诊。梁氏在谈及脉诊时，主要从以下几个方面进行论述：（1）如何切脉，他从脉诊的部位，每部所应的脏腑，何为平脉，何为反关脉、六阳脉、六阴脉及诊脉的注意事项等做了详尽的介绍。如他说“凡诊高长人脉，三指略疏；诊短小人脉，三指须密”，“平按中部脉之往来，若过指有天机洋溢之象者，为六阳脉；若过指有地脉之隐微者，为六阴脉”。（2）关于 27 脉如何辨别，所属病症的虚实寒热，如何判断真假，何种情况舍脉从症，何种情况舍症从脉，以及如何通过诊脉来判断病人的预后，他都做了详细的介绍。如他说：“虚脉属阴，为里，为气血虚……新病脉虚从症治，久病脉虚不用医”，“伤寒一手脉伏曰单伏，两手俱伏曰双伏，不可以阳证见阴为诊，乃火邪内郁，不得发泄，阳极似阴，故脉伏，必有大汗而解”。（3）最后他介绍了浮沉微洪 4 种脉象是怎样因人而异，什么是七怪脉及预后。如：“肥人脉沉不为沉，沉而有力乃为沉；肥人肉厚，轻手按均似沉，必重按至底，鼓指有力乃为沉”，“脉如雀啄止复来，如雀啄食……旦占夕死不须药。家训云：顺症见此确是绝脉，若痛症、闭症、热极症、假绝症见此等脉，亦未为绝也。惟宜舍脉凭舌症较对，有可医者”。

三、关于虚劳的认识

梁氏认为，虚劳病是百病中最难治疗的疾病，很难救治。他说：“虚劳为百病中之大病，病入膏肓无救药。”而对于虚劳的成因，他认为虚劳不是天生就有的，而是多属于后天失治所致。他家传下来的祖训是这样说的“虚劳证非先天生成。多属后天所误”。他认为虚劳形成的原因包括：（1）外感实热在肺，医者不辨寒热虚实，失治误治，损伤肺肾而成。（2）情志内伤。如思虑忧深，放纵色欲，长期伏案工作劳神，忧郁伤肝，导致神气不藏，心火扰动，骨蒸内热至日晡烧灼，肾水干枯，肺脏萎缩而成。（3）先天体质瘦弱，但脏腑本是实热，偶因感邪，扰动内火，出现吐血咳血，治当泻火，而由于被误以为是阴虚而重用滋补，导致病邪留滞体内，日久损伤脏腑而成。因此治疗上，首当审证求因，舒畅情志，修身养性方可存治。他引用先人传下潘茂名的修身语：“多欲者夭，求仙者愚，若求不死，除非不生，身之生，即死之胚也。修身矣命，儒者之道，斯世可喜可羡之端，皆是身外浮物；好名好利好色，争长争气争胜，憧憧扰扰，伐性伐生，甚无谓也。”这正是道家修身养生之道，强调心情平和，情志内守，则病自消除。和《内经》中所强调的调养情志的要求是高度吻合的。同时，梁氏批判了虚劳疾病应当禁绝女色的观点。他说：“女色者，七情中之思也”，“人有七情之病，喜怒忧思悲恐惊，何一不足以动情？若但于一思禁之，得毋禁其一，不禁其六乎？且夫夫妇乾坤阴阳之道，孤阴不生，独阳不长，害何有焉！”如果患者已有虚劳之病，再强迫使夫妇分离，会加重病者得忧思之情，加重情志内伤则更难治。他提倡“贵在平其情而使思得其正，遂其情而使乐而不淫”。这一关于性科学知识的论述是非常科学到位的，也是给我们后人治疗情志至病之病树立了典范。梁氏家族治疗七情之虚劳，均依照这个法则，每获良效。

四、对阴火阳火的认识

在对阴火、阳火的生成及相互关系上，梁氏认为：所谓阳偏旺阴不亏者，言偶偏则未亏，非言极偏而不亏也。在如何辨别阳火、阴火上，他主要从舌脉上进行区别对待。阳火：脉五至而沉数长实，或伏代不明，舌赤黄有苔；阴火：脉五至而促、紧、弦、数、虚、洪，舌或鲜灼绛红无苔，是偏于阴火。他强调阴火的根本原因是真阴久被阳火逼灼，同时各种疾病都有阴火阳火的区别。而对于阴火的治疗上，他提倡使用泻法而慎用补法。他说：“试以天平譬之，左数稍多，右数如故，左重右轻，似当补右，实只须减左，以泻为补，务得其平。”他认为治疗阴火，如果专攻补阴，就像通过修筑堤防来阻挡洪水，而不疏导河道一样，刚开始是有效的，但时间日久之后，河水淤塞泛滥而河堤又不能拆，只能继续加固，形成恶性循环。但同时他强调：阳火如烈日照地，受光之处极热，而尚未亏耗，故实而可泻；阴火如炉中火，被烤之炭，热极而半已灼枯，故虚而难泻，医者宜辨准虚实。这充分体现了他的中医辨证论治观念。

在论治阴火、阳火时，梁氏对陈修园的一些观点持反对意见。试举书中部分论述，以供读者评判。书中论述道："修园云：'日月一出，爝火无光。'取譬辛温之功效。不知日月至显，爝火至微，是大光夺小明，岂以爝火置日月之下而即自灭没乎？修园又以灯烛腐草萤虫为阴盛火动之确据，不知烛必燃之而炽，所焚者乃养气炭气化合之力，未闻多积灯烛能自发火也。腐草受太阳蒸化而成萤，彼冬日之腐草，与水底之腐草断不生萤，况萤火尚非真火乎？修园又引喻嘉言之说云：'阴云四合，龙雷方得奔腾，烈日光空，龙雷潜伏。'以证小建中汤，补中益气诸方，为宣阳气除阴火退热之良法，不知雷火由阴阳二气相激而出，必阳盛方有声光。若谓阴盛而动龙雷，则严冬大雪亦阴云四合，从未闻有雷也。新疆天山盛夏积雪，往往数年无雷，可知龙雷实处于阳气也。"笔者认为，梁氏对陈氏的一些观点进行论述，主要目的在于提醒我们要坚持中医的辨证论治原则，不能受某一学说影响，专用某类药物。这个提醒，对我们现代的中医药工作者仍然有参考意义。同时也体现了当时的学术气氛浓厚，允许不同的学术观点进行碰撞的气氛，这或许是清朝时期中医著作大量刊发并存世的原因之一。

五、对吐血咯血的认识

梁氏将吐血咯血的病源分为三类：(1) 硬伤，即外伤。(2) 阳火偏亢。(3) 阴虚火旺。他强调：若咳嗽呛伤，偶见血者，当治咳嗽，不入血症。对于血症的治疗，他认为：(1) 猛力举重跌打受伤，凡此类若所伤不重，本无大害，治宜通血祛瘀。(2) 血症，心、肝、脾、肺、肾及胃等均有之，多因血热妄行，犹洪水之横流也。因此治血之妄行，不以治血为先，而以归经为要。归经则血自止，所谓见血休治血也。同时，梁氏也将丁道长所传的治疗血症的注意事项特别提出来，他说："祖师口授先祖云：治血热妄行证，禁用参、芪、燕窝、熟地，误用则速其亡；惟女人血虚血崩下不止，当重用参芪，为其能升提血气之阳也。"

六、梁氏祖传治病家训

书本最后，梁玉瑜讲述了其家传治病的要点，摘录如下：（1）治病者，治平也。人生本无病，偶有所偏则为病，治其病则补偏救弊也。（2）人定则胜天，寡欲则延年，尤宜涵养太和，居易俟命。若六气偶侵，用药以补偏救弊，稍得治平，当以勿药为良医。（3）阴阳往复，否极泰来，人身脏腑血气，久之亦有变更。善卫生者，切勿以素寒、素热、素虚、素实之私见存于胸中，宜就候脉辨舌验症之时，所见寒热虚实分别医治，不必论其脏腑之素。梁玉瑜所提倡得这些观点，体现了我们中医学里面的基本观点，即：（1）药物即毒药，主要是用来纠正人体的阴阳平行，人体阴阳平衡一旦纠正，不必再服。（2）养性存神，是养生保健的重要手段。（3）辨证论治，不能固执一家之说，偏用某家之药。

七、其他

梁玉瑜《医学答问》医书里面还有很多很有价值的观点及体会，由于笔者水平有限，不能将其分门别类，因此归纳部分，以供同道参考：（1）梁氏认为脱肛是气虚下陷，其应用补中益气汤加荷叶治疗。笔者从事肛肠科工作多年，脱肛（直肠脱垂）目前是肛肠科的疑难性疾病，临床亦大都认为其是中气下陷所致，常使用补中益气汤治疗，但从来未用荷叶。经请教潘茂名第41代中医药传人、全国基础名老中医李鳌才才得知，荷叶有托阳作用。李鳌才教授介绍，这是中医取类比像方法的一个典型例子，是由历代潘茂名传人所传下，在临床上应用在盆底脏器脱垂性疾病，疗效较好。因荷叶生性向上，待其完全展开时，就像一把伞一样，将阳气托起。(2）对肠套叠的认识，梁氏称其为交肠亦称为交肠肚痛症，病因是阴阳博逆，导致大小肠相互套叠，治疗上应用五苓散。（3）不进谷食的原因，梁氏认为，胃寒极不进谷食，因其不化；胃热极亦不进谷食，因其不藏。(4）如何对待古书，梁玉瑜认为，古人语言文字，皆与今人不同，而古书病名，未必尽与今人相同，因此，我们读古人之书时，应当细细品味。其强调“古人本因病以制方，非先立一方以求病证之对方也”。(5）指出贵重药物常有商贩作假，这说明假药材在古代就有。梁氏描述燕窝时，说出其家传的经验，谓：“近因此物难得，价值日昂，人心不古，皆以燕窝一成，和海风菜九成，煎成胶，用纯毫笔点滴，巧造成窝，欺世图利。”梁氏指出真假燕窝的疗效区别，真者清润补肺健脾，假者燥敛温血。(6）桂圆是高州特产，梁氏除了对其药性做了详细的论述，他还特别提醒“三四岁小儿最喜食此（桂圆），有将其核梗住咽喉而死者，兹幼者宜慎之”。这个临床经验是非常宝贵的，是我们医者、食品生产者及家长所需要重视的。

清代谭应祥《潘仙全书》影印版

说明：清代光绪年间河池知州谭应祥编著的《潘仙全书》，世上孤本保存在广东省立中山图书馆。为体现本著作的真实性、全面性、权威性，现收录《潘仙全书》原版影印内容，以飨读者。

縣其名坳其姓王泉丹灶
其神形出入有無其元經
慕儒香爭後狙恰恰楸梓
服黃精而忘其禱龍湫之
靈
業存于贊

潘仙全書序

自來神仙高隱、無意流傳、而後之人聞風景慕、往往考其遺跡、俯仰低徊而不能去、豈世俗好奇哉、實由仙風道範、深感人心、乃至以姓名置州縣、歷數千百年不廢、如我邑潘仙、其名者、民享其福、若相忘於日用飲食、而不知誰爲使、非有人焉、逃先覺以覺後覺、則游化宇者幾數典而忘祖矣、況金井玉泉日就湮没、石船難渡、塵世丹竈不傳、仙字、即出入二語、亦與道德經旨無涉、所賴以覺世指迷者，惟此仙籤妙語甚矣，可聽其若存亡而不舉以遍告世人，大顯仙機之用也。或疑漢帝宋宗好神仙而天下多敝，豈知堯曰無名，舜曰無爲，皆與天下相安於無事。我郡敬信潘仙者，莫如前明孔鏞，其時猺警西盜以及茭祠、化州、高雷諸劇賊次第悉平，不可謂非仙靈之默助也。今冬十二月，予始校刊仙籤，并輯仙跡及諸名公題詠，以表高山景行之忱。詎十六夜伏莽四起，殃及鄰邑，茂南爲之震驚，予私祈仙佑，校輯

如故已而萑苻戢志城鄉晏然臘底得以蕆事微大仙護持之力不及此恭懇以仙名長受仙庇禦災捍患有功德於民者祀之當與洸廟永鎮茲土矣

光緒八年歲次壬午臘月除日

覃恩誥授奉直大夫晉　誥授朝議大夫知府銜陞用鹽課司提舉廣西補用通判前知河池州事承審南丹土州辛酉科拔貢邑人譚應祥謹序

署鬱林州判男嗣棠甘伯

桐楚琴

蔚椿壽巖仝校

橋仰南

孫 炳燾侯宗 校字

潘仙全書目録

茂邑譚應祥永亭氏編輯

是書創於壬午仲冬朔四迨臘月之望遽遭

余又患病攝聲均禱　仙獲庇因發願輯成獨力

捐刻以報　神恩黎君寬齋素佩　仙翁助銀四

圓此外俱余自辦刻竣敬述靈驗而記其緣起如

此光緒癸未中秋業存子譚應祥識

許願印送福應如響

潘仙本傳　録蔣仙遺鑑

潘茂名、桂林高興人、世居浮山下、少耽游嬉、不治家業常以瀕居越海為嫌、欲睹中國之盛、永嘉中束裝起行、路由東北道上、經新都石室、見二道士對奕、顧謂茂名曰、子亦識此乎、答曰、人由蛇竇出、似雁行、道士笑可其說、因語之曰、子頂骨貫於生門、命輪齊於日月、若能修煉、可以輕舉、茂名即下拜道士、授以服食之法、使之習靜后山二十年、猶未示以丹旨、并不告以姓氏及郡公入山尋盟因言南北互有不足華夷未能一統茂名復興雲遊之志乃拜辭道士郭翁貿筊入吳道遇徐彎言訪郭翁茂名指在石室彎謝去茂名至建康聞茅山張道士善談虛無廣懷道法乃造謁問其本末道士云是張玄賓曾舉茂才始師西河薊公得服朮法復遇樊子明於少室授遁變隱景之道曾受右世龍聘翼成王業雖應天數終極亂世乃借尸解遁回山領上帝敕命來華陽王諸雨水官茂名更問虛無之說賓曰樊師言之

君倫斯得無無之旨、託職葛君遨遊人間矣、我往尋年餘、遇一道者於海濱蓬萊閣、云姓宋名晨生、與論竟日、粗得其意、晨生寄語云、百年後方同少室、我因往告樊師、適桐柏諸仙來嵩山作會、知予已得所傳、反復盤問、遂款曲說旨、能折茂名愈欲悉教、賓曰夫無者太有之宅、小有之所以生焉、積小有以養小無、見大有以本大無、有有亦無、無焉無無、亦有焉、所以我目多不見物、物亦不見、無寄有以成無、寄無以得無、於是無無則無名也

太空亦宅無矣我未生時天下皆無無也茂名鄉
歸賓謂曰子鄉水潦無患遭旱奈何我職雨水[illegible]爰爲子
導之吾知桂林一處（桂林蒼梧粤地舊名）羣峯環翠盛夏如秋故
漢名其地高涼傍一山泉出巖下此龍湫也可禱於窟
中立應此湫與蒼梧龍山相通故耳（山上有窖深不可測）茂名回
鄉愛東山峯巒起伏隱以煉丹自養後屢大旱教士人
往禱果驗民感之因名東山曰潘山有司奏聞累徵不
起賜政高輿地曰茂名以彰功德

潘仙古蹟

茂邑譚應祥永亭氏編輯

潘茂名晉永嘉中、懷帝年號。入山遇道士奕棋立觀、久之道士曰子亦識此否、對曰六猶蛇竄出似雁行、道士可其說、因語之曰子頂骨貫生門、命輪齊日月、腦血未滅、心影不偏、修煉則可輕舉、授以黃精不死之方、隱於東山煉丹而上昇、後千有餘年、明朝成化年間、知府孔鏞來守高涼、有人謁於馬前、自稱潘茂名、丰采不凡、公命之還、而心異之、其人曰於筆架山相候、鏞下車延之、不遑

其後因勸農至筆架山忽有以手招之者則向日泰嶠之人也因創潘仙亭於筆架山巔其亭遺跡至今尚存

孔鏞詩曰共說丹砂可駐顏仙翁何不久人間石船蘚合年年在丹竈雲封日日閒亭宇已成新歲月乾坤猶是舊江山我來欲問長生訣遼鶴何時海上還

東山去城東二里亦名潘山郡邑全山也舊有東山寺今圮前有潘仙坡世傳潘茂名煉丹於此石船丹竈猶存知府孔鏞建潘仙亭有仙坡記天啟間知縣霍學韶

建仙跡亭崇禎十年知府姚繼舜擴其亭闢其坡瞰坡
而據其上者爲冼太夫人廟朝左後有潘仙祠
石船在東門外相傳潘茂名乘以往來金井玉泉諸名
勝者仙去棄此其篙棄五里山外第一河之不要峒俱
化爲石云
丹竈在石船北潘仙煉丹處也其土徵突而堅有二穴
或以土泥雜物塡塞經宿盡消空洞如故今覆以亭
觀山去城西半里隔鑑水西晉永嘉間潘茂名飛昇處

一名仙山又名昇真岡岡頂舊有昇真觀石香爐毋爲
觀廢、萬曆間知府張邦伊創觀山寺、右有玉泉壺、世傳
有金玉二井、潘真人於潘坡煉丹、其烟通於金井則黄、
通於玉井則白、二井久堙、崇禎二年邑人李爲相濬復
玉井、說者謂金井爲僧舍所壓、國朝毛世榮觀察於
庵後建宮、祀三仙、祠山頂舊有省亭、知府戴錫綸修復
爲魁星閣
仙井嶺去城西二里在觀山稍北高二十餘丈旁有井

世傳潘仙煉丹仙披烟從井出故名、按玉井在觀山此井即金井也、亦名金井山縣志謂金井爲觀山僧舍所壓似誤

思乾井在城東一里、潘眞人煉丹之水味甚香美煎茶試之與諸水異、力士嘗奏取其水歸朝、按此井疑卽今之蘐園井、縣志併入浮泰水去城西北百二十里東有思乾井、離潘坡太遠似誤

茂嶺去城南二里、世傳潘茂名煉丹於此草木鬱茂四

時不凋寰宇記謂之雲嶺

雲爐山去城東三十里凡遇天陰則雲起如烟出於爐

寰宇記潘山在縣東三十里潘茂名於此昇仙即此山

也蓋古亦名潘山

觀山寺在西河岸亦名觀山觀

玉泉庵在觀山寺右庵內左邊爲潘仙殿後有玉井

昇眞觀一名高昇寺在城西二百步觀山之巔宋咸平

元年眞宗年號降到太宗御書藏焉今圮按縣志載高昇寺

在城北五十里誤

潘仙廟在東山之麓、南有石船丹竈、按縣志載潘仙亭、在郡城外東門百步許、若孔鏞建潘仙亭、有仙坡記、胥舉韶建仙跡亭、姚繼舜始擴其亭、闢其坡、坡上有先廟廟左有潘仙祠、恐今之潘廟、即仙亭遺址、惟志稱孔鏞創潘仙亭於筆架山椒、又似別有一亭、不在仙坡者、然遺跡不可考矣、

仙坡觀山、而外、祀潘仙者、城西有仙易亭、與觀山相對

中隔鑑江其亭建於右明永歷年間郡縣志俱不載豈以勝國佚之耶、宋都魏禮有仙舄亭題壁詩採入府志、中亟錄之以存古蹟、詩云「宿雨淒風古寺幽、閒亭長抱一溪流、都緣列子分蕉鹿、卻使韓生笑棘猴、春鳥聲多依密樹、暮雲見盡有行舟、千年觀海真吾願、豈意高涼半月留、。

高涼郡以高涼山得名、而晉時潘茂名於此賓仙遂以名縣、方輿紀要云、晉南渡後置茂名縣、屬高興郡、然考

晉志無茂名縣隋書地理志始有茂名縣而不注置立亦非隋縣大抵梁陳所置

潘州故址今府治唐初置南宕州宕縣志訛作巖貞觀中改名潘州

潘水縣故址一在縣南一百里博鋪鄉唐武德五年置貞觀後廢一在縣東北本毛山縣開元二年更名潘水宋開寶中廢 按毛山去城北四十餘里即電白堡地晉毛方一云許毛隱此仙去故名亦猶化州古有羅辯縣實

取仙人羅辯姓名云

考郡志載仙人有西賴翁仙跡在銅魚山寶山及雙甑山而其名不傳羅辯服雲母方仙去宋梁以後取其姓名爲州縣至宋元始廢毛山縣以仙人毛方得名廢置不越唐代惟潘茂名自晉以來潘州潘水縣取其姓茂名縣取其名至今不廢山川有主邑人咸受仙庇矣

茂名八景

潘坡丹竈　石船蒼蘚　觀山玉井　鑑江秋月

茂嶺晴嵐　肇架青峰・東山樵唱・雙潛漁歌

按景有八、而潘仙居其三、丹竈石船玉井是也、此外東山茂嶺爲觀奕煉丹之處、肇山則仙招孔鏞之遺跡在焉、鑑江雙潛又與觀山相望者也、然則邑以仙名、何往不據洞天福地之勝歟、

潘仙爲一縣之主、每年盂蘭勝會、縣役迎仙主其事、猶之府衙書役奉洗太夫人爲郡主也、乃相沿日久、竟謂仙舊充皂隸、故縣役事之惟謹、不知晉以前未置茂名

縣是時東山潘坡皆山深林密之處故觀棋煉丹獨闢仙境地未設官何從有役此無稽之說也近年仙降乩直白其誣會貝抄傳乩語揭玉泉庵壁間述此以正附會之謬云

東山寺舊址無存潘坡仙祠前爲廣福廟阻蔽與石船丹竈相隔鬱氣不通祠路從冼廟左邊入又爲冼廟所壓宜在廣福廟東空地另闢祠門招納外局或就地改建東山觀專祀潘仙庶一邑之靈秀翕聚也

潘仙自縣城共祀外、鄉間惟甲子坡梁姓建廟報賽、每年三月二十四日祝仙壽誕、祀產遺自、國初迄今不替、近年城廟創立潘仙會、以重陽赴觀山虔祀飲酒登高、有醉看茱萸之意、又聞潘坡老廟祝云、城中慶誕歷來以九月九日、或云是仙飛昇之期、然梁姓誕會相傳有據、則祝長生者當以三月二十四日爲正云、

舊記潘仙出於晉代、居郡之西岸村、名醫救世、煉丹得道、白日飛昇云云、前明歲旱、仙彩金龍點睛、密封交郡守

進時王守造爲龍仙降大水禍守顯靈功及黎庶順治初年立會以三月二十四日祀誕預晚慶祝永遠不爽梁簿所傳如此

嘉慶間何太學世逵好善不倦素奉潘仙凡年節朔望必赴觀山齋宿年屆古稀忽一睡七日始醒自言夢晤潘仙言談歡洽適雷鳴雨至而散每遇患病輒見仙夢中授丹勿藥有喜良由身有仙骨故結此仙緣也後太學壽至九十有七而終

玉井亭故址當在今之呂祖殿前有玉井自明季李太學濬復後歷久漸湮嘉慶末竈邑副貢崔騰雲性好神仙鑿井汲泉冷送郡友云療時疫已而疫氣流行郡人藉以無恙父老至今能言之

梁姓潘仙廟並祀潘十七舍人失其名考郡城潘坡古廟正祀潘仙右旁亦祀潘十七舍人云是行龍一云隨雲走雨之神相傳舊為縣宦而誌載右營廟祀五龍及潘真人沙舍人謂前明潘郡守解組歸封五龍寄沙邑令而

沙以僞易之携去半途飛回者言至今禱雨有驗據此則沙爲舍人潘眞人疑卽郡守抑茲所稱十七舍人者乃當年郡守耶然考龍湫禱雨係潘茂名事舊溥亦以封龍救旱爲潘仙功安知非因潘仙而訛爲潘守所祀之眞人卽潘茂名乎述此以備參考

誌言潘仙服黃精得仙而不言其功德及觀仙鑑乃知有習靜虛無之學龍湫禱雨之功非徒恃丹訣也羅辯騎牛化龍毛方預告水旱自來成仙皆以濟物爲驗

國朝邑舉人余麟傑觀山賦起句云山以仙名東則有潘俯瞰鑑江西亦可觀次段云爾乃幻跡仙靈誇蹤奇奥蛇賣雁行棋枰悟道云心景之不偏羨腦血之未耗死生之關可窺元命之秘可盜黃鶴一去兮不復還白雲千載兮無人掃井涸玉泉烟消丹竈探異談兮何從試奇方兮莫告

邑歲貢張捷潘仙賦次段云夫山靜物也仁者樂焉宜暢品彙於萬斯年溯厥嘉名肇自潘仙棋枰妙理猥得

眞詮蛇畫雁行出入道元敘其緣起播掖並傳耆金砂於泥竈吸玉芷之醴泉伐毛洗髓削石成船於是憑虛御風凌霄拉鶴而迴翔於廣莫之野欵乃於弱水之淵關爾騷人學士俯仰流連周覽古蹟恣賞高峯構亭作記則有胥明府與孔太守之賢豈靈爽之呵護抑名勝之纏綿

知府怡良觀山留題記云郡首花封名因仙子仙潘姓茂名其名傳在六朝於觀山修煉山遺勝跡亭妥仙靈

予因奉慈闈宦此念自前歲到高水士咸宜起居無恙若有神靈爲助謂此仙山當爲隨喜處奉香帛扶侍老人升堂拜肅亭軒小憩聳目遊觀老人顧爲樂甚茶筵更席林鳥催人再爲叩謝潘仙歷磴道之紆迴翹城垣其縹緲歸途歷歷署宅依依夜話更闌猶感仙佑之鴻慈說茲山之名盼不置

知府戴錫綸府城形勢說云小函谷關前河水直沖龍背法主烟霞逸士果毓潘仙筆架山卓立雲霄法主交

武軼材便生洗毋不得謂人傑之不本於地靈也按高涼郡舊城郎今之電白堡元始徙郡治於茂名梁陳時郡城未徙洗毋之生與筆架無涉惟潘仙確是此龍所毓故仙跡萃於東山

萬緣庵碑序云城西鑑水之上有亭名曰仙易溯其始本府太爺郝交初三楚人也嘗在夢寐間與仙人談易詰其姓答曰潘仙翁遂於己丑創斯亭焉立仙像以祀之後常住釋師乃於亭之左搆一室楣曰萬緣庵

仙易亭夢紀　蒲莫夢程湯學箕僊文

千古至人吾未之見也見之夢即夢是人而已形限于地而神不隔人限于時而天不隔不隔一路較然有據者之未游也則以爲幻幻而得師天之徒也昔者文初註易自乙丑始迄乎辛未食隨程君翼雲爲信邑令署中展易至損益成說滯胸透脫之難非不井然明辨之謂也有夢焉不以意得不以意得者照幽之炬升天之級也夢一　先生貌瞿然色黧然盛唐之巾晚緣之袍蕭

蕭瑟瑟然無足重于世眼也、問曰木道乃行此何說焉、初對曰震巽木行東方仁道也、若然而震巽在恒何不行、初不能答、固固問之、曰人之身木下金上巽股也、震足也、股上足下是以行、巽亦掌也、足上掌下、是以立不易方、初聞之、動于心髓、竦于毛髮、固吾有生來大夢之一覺而端然起坐、心搖明昧之界、汪汪淚簀下之氈、歎曰世間固有學焉如此乎、廢前註、溯前聞而悔晩、幾幾乎象數之末繇、自是夢始巳、又夢先生來解觀象、又解臨象所言亢與俱不出目前物象得之凡三見而初乃東役歸楚爲吾友宋冒非翁誦之翁曰是其信宜之賢者哉物聚有情神酬若志宜吾子之見夢也學有其至生無其徒古之至人悵然終古者多矣豈獨目前憾事哉神授吾子筌蹄始無着處天性得師而數仞宮牆一晌撤去不存矣然曷不致奠謝之以媚別于神明之牖柳越茲十七年所不知于易事何如矣而奉　命守高慕中情想心目依然敬補一奠當何如耶詞曰

此事何事兮伊人其某憾懷不忘兮心師神友日何豐兮以部山何瞻兮在斗固逍遥而羽化兮來時有口妙義眞不在文字兮关先天後十七年兮路舊百世之貂如旦暮兮不苟神之來兮賠貳盃酒雲翱翔而返極兮獨夢慕之稽首

丞歷三年歲次己丑菊月吉日楚蘄水郁文初拜撰

高凉門人李麟祥較正李本烧書丹張自奇篆額

觀山呂祖殿記

國朝高雷廉道毛世榮 吳縣歲貢

上古制卜筮以前民用、厥後數學代興、多著靈驗、益天賦前知之至人、洩奇顯秘、以見神明之酬酢不爽也、榮曩於京邸得呂祖生生數一帙、信奉有年、懷疑輒叩、無不響應、不啻漆室一炬、

今上元年、榮奉 命運米西域、亦卜焉、其辭曉暢、有如晤對前賢、明白指示者、詳前後再任郎署監督祿米倉、必先機發蒙、靈異不可勝紀、有懷立廟、以報明德久矣

八年四月始出外為淩江守鹿鹿簿書刻無寧晷未得徧覽山川之勝故斯願未遂未閱歲叨奉 國恩遷高雷廉觀察使來蒞高涼暇日因遊城西登觀山遙眺羣岫俛瞰鑑江心目頓開其山故有觀山寺亭一座寺門一座佛殿一座僧舍數間頗極幽靜其上復有玉泉庵寺門一座觀音殿一座殿前小屋三間祀人潘士毅勝曰山不在高字頗秀勁寺門有潘仙遺像按誌書晉永嘉間羽士潘茂名於山頂掘井汲泉以供丹灶名曰玉

井、遂於此白日昇仙、故其山又曰仙山、今玉井尚存、藥以仕宦浮踪、流連俯仰、喜勝景之無窮、欣斯願之可成、乃命工人、於玉泉之後、闢土築呂仙殿、遂請潘仙並祀於中殿之左右、各置兩楹、其東曰芥子山房、其西曰雲林書屋、芥子山房之前、復構一室、曰翠微深處、十二年秋、又於觀山寺之前、築亭一所、顏曰登雲、用謝康樂惜無同懷客、共登青雲梯之句、再於山勢紆回處、鑿石為磴、周屋為廊、俾尋勝者可以遊憩、咸願溯清風而景行也是冬、榮捐貲開高涼堡内、任仲米瓊坡曠土二頃、命司事彭憲等分年經理、租入除供賦、及寺僧香火、歲給穀二十石外、餘充擴修殿宇諸費、凡有出入、寺僧與司事互相維制、務歸實用、此榮兩年來經始垂久、粗有就緒、冀得妥神靈以永福庇者也、分藩金匱陶公以課農來高、鼓棹理屐、再陟觀山之巔、許爲著序以勸諸石、乃爲紀畧如左、以俟參考云

潘仙賦以地以人名爲韻

潘　江邑舉人

何處神仙聞尋軼事得姓氏於遺編識幽蹤於郡志傳眞訣於丹邱儼遺像於蕭寺西晉永嘉之間郎東出修煉之始此山有仙與仙局戲花影半林松陰滿地妙景空空無人指示出入二語頓悟元機道德千言翻爲剩義此殆夙緣都非有意者也於是攀薜蘿闢荆杞丹竈烟飛石船風起朝汲泉於觀山暮洗朮於鑑水採丹田之芝煮白石之髓嚼瑤笋之芽餐碧柰之蕊勤洗伐而

脫塵凡、取菁華而去渣滓、瞻金闕兮匪遙、望玉京兮伊邇、與洪厓兮拍肩、共浮邱兮拊髀、此時人間無路、莫可詳、何但見洞中有天、不知所以、爾乃數著殘棋、一聲長嘯、千年滄海、幾次揚塵、船何爲而陸沈、櫂何爲而岸歇、竈何爲而火冷、井何爲而泉堙、雙渚依然、漁歌寂寞、東嶺猶是、樵唱隱淪、時或二三逸侶、美景良辰、登臨發興、俯仰傷神、思過去之事、看現在之身、拈筆題壁、把酒問津、蓋升沈無奈世事、而憑弔一付詩人、世然而殿入蕭

何、仍號蕭何之殿、城居趙信、卽爲趙信之城、故在宋之、
前、亦云潘水、而自晉以後、猶曰茂名、今日睹山川之尚
在、覺眷戀之猶生、苟溯仙源之一脈、可從實地以力行、
爲之歌曰、昔人學仙仙已成、仙葩徑寸至分明、心茅芟、
盡心徑清、扶持心影莫敎傾、不須雲表浥金莖、不須海
外采朱英、眼前有術藥、回首卽蓬瀛、

石船賦以會經點化可渡蓬萊爲韻　吳懋清吳川舉人

紅塵擺脫，白日上昇；滄桑遍覽，壺嶠長登。棹仙舟以容裔，乘片石之崚嶒。月將槎貫，天可階升。其靈若此，實得未曾。昔潘仙之羽化也，傳丹訣，鍊黃庭，背生三甲，神蹤六丁。泥丸出舍，衛遁藏形。煉補天之媧石，犯飲渚之牛星。凌空泛碧，繞亙摩青。山川自出，滄海會經。方其渡洪濤，浮微瀲，眼界茫茫，足雲冉冉。不俟鞭驅，恍同鳶站。太乙蓮飄，張騫槎閃。朝紫府於層霄，俯齊州之九點。既乃

觀山賦 以山不在高有仙則名爲韻

恩賜舉人林棟 信宜恩貢

亦嘗訪仙蹤於高郡、紓塵轡於禪關、憩回龍之寺、泝上宮之灣、石船則土花繡碧、丹竈則落葉燒斑、悼驂鸞兮人杳、嗟跨鶴兮緣慳、則見夫圍峯隱隱、流水潺潺、雲埋鳥道、煙銷螺髻、現琳宮之縹緲、露寶剎之蕭閒、渡迷津而鑑影、指福地於觀山、斯山也、無庾嶺之嵯峨、無羅浮之奇崛、當兩晉之瓜分、正五胡之鼎沸、人尚清談、士營赤紱、邸第毀於干戈、荆榛誰爲翦拂、乃有潘茂名者、秉方寸以無偏念長生之可乞瞻青嶂而流連接丹梯兮髣髴以釣以游亦仙亦佛種松則幹長鱗而吟梅則花開鄂不一覽衆山靜觀萬物洎乎九轉丹成三山芝采夢斷紅塵雲歸碧海樓中黃鶴已飛江上青山不改壇餘柏子霏香溪騰桃花絢綵寒火一龕玉泉千載昇眞之寶觀就荒琢石之香爐宛在歲月滔滔徑長蓬蒿滄桑人遠夢想神勞逮有明之末造維太守之賢豪構禪房兮曲折覆鴛瓦以周遭闌海天之勝境範遺像於仙

曹金容玉貌、羽服星袍、旃檀香藹、蓮座風高、珠垂觀音
之珞、眉添彌勒之毫、護輦馱之寶杵、麾神女之雲旄、包
羅萬千氣象、歇殘百八蒲牢、登斯山也、但見覆榭飛檐
雲窗霧牖、竹院鸞吟、松扃鶴守、東山峙其前、西塔環其
右、近則鑑江水碧、波影涵空、遠則筆架峯青、嵐光煥斗、
俯瞰則郡城如帶、白萬竈之炊烟、回顧則岸樹參天、綠
三春之楊柳、莫不拄笏神怡、搢笏立久、玉液煎茶、瓊巵
泛酒、快塵壒之俱無、擬洞天之小有、迄今幾千百年、談

塵封於飛仙、覓心閣外、芥子房邊、模糊藥圃、想像芝田、是眞是幻、如夢如烟、省亭廢兮故址毁、魁樓搬兮新製傳、玉虛冷兮爲凫去、金井枯兮無龍眠、何處碧城十二、難尋珠闕三千、喜名山之依舊、勝古刹之數椽、每當秋雨重陽、春風寒食、紅綿欲飛、白雲無極、峯疑蓬島移來、人記桃源、指識閟仙奕之一枰、塌神碑之半蝕、卜座右之靈籤、問天涯之消息、又或端陽競渡、士女如織、人影衣香、山光水色、黯游子之雙眸、拓文人之胸臆、遂令斑管留題、松烟漲壘、韓尙書之楹帖、高懸陳中丞之壁詩常勒、韻叶黃鐘、聲諧夷則、答樵唱於巖邊、和漁歌於渚側、歌曰、山花落兮山鳥鳴、仙人去兮返玉京、跨湫龍兮霧合、叱石狗兮雲驚、瞬息兮滄海、咫尺兮蓬瀛、逍遥兮觀山觀水、徜徉兮浮利浮名、

觀山賦 以留得佳名山可觀爲韻

譚應祥 邑拔貢

鬱然一邱。俯瞰清流。可以眺遠。可以尋幽。地經萬劫人豁雙眸。青松翠竹之間。嵐光掩映。琪草瑤花而外。波影流浮。盍往觀乎。洵訏且樂。登斯山也。欲去仍留。夫以茲山之在高郡也。環繞城西。連延郭北。青浮茂嶺之前。綠瀉鑑江之側。巖峭林深。峯迴徑仄。山半則梵宮閴若。閒尋香火之緣。山巔則奎閣巍然。秝壯林泉之色。隔岸漁舟唱晚。逸興遄飛。當年蛇賣談元。靜觀自得。故其以觀名山也。清涼境界。仙佛胸懷。四圍入畫。一望無涯。游觀者閑携竹杖。入山者時着芒鞋。雲水光中。鬚眉欲活。夕陽影裏。明淨如揩。訪觀奕之遺蹤。此間可樂。登觀心之高閣。且任爲佳。仙去瑤京。鸞鶴時鳴。風吹經院。月冷楸枰。古龕尚峙山風。沈檀香裊。仙井猶留山頂。玉液泉清。過眼烟雲。笑指大觀在上。寄懷山水。居然有仙則名。更凴身閒。來叩禪關。山亭徙倚。山徑躋攀。偶從觀鑑留題。別開生面。如此江山勝概。盡洗塵顏。曷飛鳧而欲落。仙跨鶴而初還。也同謝屐風流綦園別墅。可有羊裘雅度。碑勒峴山。騷客來游。叢林久坐。紅樹秋深。白蓮月墮。望東山兮雲擁歸樵。俯雙渚兮煙迷釣艇。天光雲影。遠觀則眼界全開。魚躍鳶飛。返觀則心源在我。髣髴鐘鳴山寺。詩詠浩然。依稀路入渭川。畫題與可。客有僑居僧舍。咫尺仙壇。陟崇阿而游目。臨江渚而憑闌。奇峯筆架潤抱文瀾。回看飛閣層巒。千尋聳翠。得住洞天福地。九轉成丹。相期五岳歸來。更話雲游之趣。定向泰山頂上。先

爲日出之觀

庚申歲余讀書山中陳麗秋師命賦此故未段云爾

　　永亭自記

遊觀山　明郡守孔鏞 江南進士

偶來山上覓靈蹤。路入瓊花夾翠松。琳館也隨兵燹廢。獨留仙井最高峰。

登觀山問潘仙遺跡　明守道鄭阜義 浙江進士

仙家雞犬去無存丹竈空餘火不溫萬古靈蹤何處覓淡烟荒草暗孤村

丹竈

短棹輕帆遠遠開潘仙何處問蓬萊如今化作滄浪石春雨年年長綠苔

石船

觀山懷潘仙舊跡　國朝知府蔣應泰　順天人

江城驅馬過西村澗雨松風喜尚存山上仙翁閒白晝井邊秋草冷黃昏寒爐此日尋烟縷活水何年煮月痕前度孔鏞今復到可能招手出雲門

酬蔣郡侯招遊觀山　廉鎮張偉　山東人

清原草色映江關載得春光解笑顏喜有勝遊消白日可無佳句入青山敢追張旭思狂飲好向潘仙問大還烽火已銷風鶴靖徜徉長得此身閒

登觀山　　邑令孫士傑陝西舉人

叠叠青林一望盈觀山突兀斗環城道猶梯陟雲封展人在花行鳥弄笙丹竈灰寒苔自長玉泉源湛茗堪烹徘徊不覺身羈吏祇聽江邊返棹聲

遊觀山有懷潘仙　　雷州參將潘拱宸古燕人

宫闕偷與海鷗盟偶掛雕弓傍石行松頂鶴巢深樹見江心漁艇暮烟横舊山人去花應落古寺雨來潮欲生學道何年逢鼻祖雲峯招手過西城

石船　　邑令李烟　元和進士

問尋遺跡訪名仙道岸登餘不繫船豈是星槎能化石得非滄海茈成田千畦麥浪風檣動百尺晴絲天漢牵我亦虛舟相値在浮沉無那欲三年

觀山懷古　　錢元佑　嘉善舉人

丹成遺跡幾千春烟樹蒼茫景物新金井有靈開勝境石船無路覓仙津山村隔浦通孤棹雉堞縈流遶鑑濱曾向白雲深處望何時與我話揚塵

觀山　　　　　　潘士毅 北直人

吾家仙子已成丹留得佳名山可觀不欲點金窮竈冷
爲難澆俗故泉乾自乘黃鶴歸瑤圃剩有青松老石壇
幾度登臨多熟識人疑我是昔年潘

觀山　　　　　　知府　陳淮 商邱拔貢

洞門清靜絕塵埃石磴春深長綠苔遠郭江光斜照外
陽林僧語白雲堆圍棋零落仙人戲霸壘銷沉洗氏才
遺跡千年頻悵望登臨空見野棠開

九日偕諸友觀山登高　知府　張若煪　桐城舉人

萬木叢中一逕彎携筇着屐叩松關雲封古井日沈閣

人醉空亭秋滿山積雨驟添新漲闊穿林遥見落帆間

萸囊酒盞酬佳節悵望仙蹤未許攀

潘仙故跡一首　知府　黃安濤　浙江傳臚

何年片石置林邱傳是仙家太乙舟暗浪不驚藏壑夜

古苔應長落帆秋蓬瀛縹緲元蹤遠身世荒茫大地浮

萍梗生涯私自笑凌風悵望白雲遊　石鄰

紫烟散盡海天長依約元闗此閟藏風定藥禽喧乳竇
月明仙犬護雲房九還已斷錙銖火一氣猶分草木香
俗骨難醫塵鬢改可能駐景乞神方丹竈

甲辰觀山 生九對飲二首　府訓導 趙麟書 新寧歲貢

重陽來又幾重陽隨伴登臨右刹場家望東溟天已濶
人遊西嶺地偏長拂林細細風吹帽敲檻霏霏雨入觴
姑向山門同對酌縱然豪飲亦他鄉
飄然霞舉試遐觀滿目雲飛繞佛壇烟斂屏開山欲紫

霜經林映葉浮丹少陵髮短添詩興元亮情深未酒闌
晚渡城西前路返黃花豔瀲夕陽灘

壬午追和趙瑞軒師觀山原韻并懷潘仙

河池州知州譚應祥邑拔貢

翠微深處供純陽仍奉潘仙主道場玉井不隨金井壓
觀山遙對肇山長昔人乘鶴空千載拾宦登高醉一觴
我誦遺詩思古貌仙心趙師號覽渺渺白雲鄉
人去猶留山可觀題詩幾輩繼騷壇陸沈方信船爲石

泉洄誰知竈有丹絶頂一登驚落帽同懷無客共憑闌
仙風師範歸何處望斷秋江水滿灘

潘山四首 丁未

潛仙羽化姓猶存留鎮名山靜俗喧共信丹成忘竈冷
奚憂石爛見船翻雲連茂嶺嵐常滴水近思乾井尚溫
風景不殊城郭改纍纍荒塚暗郊原

世遠何從問大還飛仙遺跡寄東山毛方共識金丹訣
羅薜蕉排玉笋班隔嶺樵歸人髣髴前坡苔長地幽閒

獨憐太守峯頭見枉說相招不度關

誰將州縣號神仙傳得長生不計年城市山林都福地
乾坤日月在壺天燒丹客去埋金鼎汲水人來話玉泉
山寺久荒秋葉滿更無道士與談玄

棋局當年記異蹤雁行蛇竇響琤琮黃精舊得仙方服
蒼蘚今餘古徑濃嶺對觀山無客訪祠依洗廟有塵封
雲爐仍指飛昇處俯仰興懷只笑儂

癸丑登觀心閣感懷

此地名因山水存如今覩鑑兩難論樹疎彌覺危巖峭
泉涸空談玉井温信斷虎狼憂故國時江南賊信久淹聲沉雞
犬悵荒村敲詩何事僧催鉢投筆仰天無一言

觀山寺

古寺行來花木深觀山清景晝森森松間老鶴聞鐘下
檻外高僧倚錫吟小澗有泉穿石冷幽巖無暑滿亭陰
偶逢知已談元妙久坐都忘日影沉

訪玉泉井

間來山頂訪仙蹤細草幽花夾道濃玉井宛然人已渺

誰分涓滴洗塵容

石船　　黎必升順德人

欲待將來問渡人。風帆不動石常新。獨憐塵世誰能載。

鑑水流花空自春。

丹竈

乘雲仙去隔烟霞。古灶荒涼夕照斜。歲歲春歸苔蘚碧。

何人爲覓舊丹砂。

玉井亭登眺

明 嶺西僉事 冒起宗 如皋人

高涼衆山青簇簇登高遐矚仙山獨羅浮參立遠獻奇
銅魚白馬及山足振衣絕頂躡峯渺人爲勝奪天機巧
閬苑不數龍鳳洲瀛海分得蓬萊島晉代仙人潘茂名
丹爐藥灶列從衡雁行蛇竇精奕理出太二語契仙經
道士授以九轉訣飛鍊服食昇天行依山泠泠有玉井
石甃深碧渟且泓照人髮鬚若明鏡色如紺璧欺琳瓊
山源堙塞幾千年古蹟漫漶名空傳太學好奇勝情具

顧而樂之陟其巔攀藤蹋蘚迴遭遍徘徊曲磴渾忘倦
天劃靈泉遺事呈舊穴重開玉井見甘香澄洌儼醍醐
松飰胡麻堪並薦蔌寄共道此山好雅尚多君恣探討
虛亭結構足夷猶世上紅塵淸自掃

寓王泉菴　董孫符

山深不得遊人聚縱是名山亦虛置高涼勝地恣幽探
惟有觀山稱最著近在城西半里間鑑水迴前抱雙臂
量度無過數十尋堪比崔嵬華岳勢翼翼亭聯古梵刹

玉泉庵中尤次第留得銀床廢井傍云是潘仙鍊丹處
多少遊人杖策尋偶爾登臨難快意四時風景春較勝
千里萍蹤我獨寄東向窗開俯江滸倚窗歷覽舒胸次
小艇長篙鏺往來疎林淺竹通瞻視明照青銅夜月懸
寶射紅珠旭日麗濛濛露結湖海深處處烟浮城郭蔽
陰晴變幻千百端極目山川收萬類吁嗟乎白雲深處
天與建董生家近甬江邊何時已着歸途鞭撲地閭閻
竟宛然

石船歌　國朝邑令 錢以塏 浙江進士

金玉三井其泉潔仙人乘船愛遊歷白石丹砂煉大還雁行蛇竇傳眞識入水不能濡入火不能爇行如御輕風顏如點絳雪遙指蓬萊有路通遂脫塵凡入仙列留得扁舟藥鼎傍化爲片石稱奇絕君不見金鳳銜珠夢可據並攜雞犬雲深處我欲招手空中與爾語何不擊楫揚帆上天去

潘仙歌　高明教諭 潘江 邑人舉

昔有人谷山之間白石丹砂煉大還煉得大還成九轉
飄然仙去不可攀山中道人能相骨骨貫生門何傲兀
山中道人喜談心心影不偏真元殊異哉世人之骨繞
指柔項骨柔時不到頭況乃此心方寸地荊棘叢生未
會攖君不見仙人披上一片石荷花瓣裏凝深碧停橈
不與浪浮沉耐盡風霜無今昔又不見仙人掘井山之
巔隔斷下流向上穿怎生清液唯仙汲不留一滴染塵
緣我道仙家無多訣猛然提醒眾妙徹身中火棗無人

和海上兒童眞癡絕

高凉懷古 癸巳

譚應祥

高凉山川勢崢嶸屈靈氣間鍾產英物晉代潘仙已上昇
石船丹竈草芬茀谿峒爭傳冼氏才夫人遺碑今尚屹
千載以來年復年舊城屢改丹莫乞玉泉水涸井無烟
嶺南霸壘歸沈物我來憑眺一高歌孤鶴長鳴聲遠迄
松竹森處白雲浮想像英雄與仙佛人生不朽在立名
毋徒懷古心空鬱

潘坡丹灶　　知府 陳淮

昔人煉藥去雲蹟遺丹邱神砂不可覓山月年年秋

石船蒼蘚

仙津不可渡艤棹此山間雲深歲月古石繡苔花斑

觀山玉井

山頂月初霽冥壇夜氣清玉勾古井在秋水澄空明

訪潘仙遺蹟　　明提學參政 魏浣初 常熟人

仙蹟山靈借郵亭亦古潘青松雲自宿丹竈火常寒鉛

豪明人悟桑田靜者看從來雞犬去何處訪劉安

昔爲天風去今從委道傍堅頑一片石苔蘚四時蒼翠

水難爲渡蓬山不可航陸沈雖浩刦豈亦倦津梁

潘坡丹竈　　明知府張邦伊寧波官生

地有東郊勝溪山信可誇偶來因問俗何意覓仙家洞

倚千尋石鑪蒸五色霞至今流水上時或見桃花

石船蒼蘚

片石標奇蹟孤航儼琢成自從黃鶴去但見綠苔生色

借蘼蕪淡茵鋪綺繡輕有時桑海變一樽盡空明

觀山玉井

蓮花開十丈门異太華峯石受瓊臺潤泉疑溟渤通自無塵跡到常有白雲封羽客藏修日全資沆瀣功

潘坡丹竈

國朝邑令 錢以塏

往事由來幻傳聞未足誇是山皆勝境無處不仙家荒草埋丹竈餘光剩紫霞我懷潘令好猶有佛桑花

石船蒼蘚

片石孤舟樣神仙變化成廢興滄海換風雨碧苔生桂棹能搖易蒲帆欲掛輕如何不坐此渺渺擊空明

觀山玉井

水從山上出掘井最高峯甘與瓊漿比源會瀚海通一丸鎔藥就九轉惜塵封能使枯泉活還丹自有功

壬申九日遊玉泉庵即事四首

高廉道　孫　楫　山東進士

昨有看山約今成出郭遊微風含宿潤晴日麗高秋樹

密爭尋徑波平穩汎舟伊誰凌絕頂仙袂挹浮邱 其一

難得重陽節[illegible]逢半日閒簿書權謝遺巖壑樂躋攀往歲不曾到 前在任時欲遊未果 何期今又還盟心玉泉水終古此潺湲 其四

和韻四首

邑令 徐德度 江西人

出郭眞淸曠登山破寂寥浮圖危倚日古井暗通潮石蘚船猶在靈茄樹不凋蒼生慰霖雨崇祀仰風標 其二

是日相地創建王明經祠

事事關民瘼從公未敢閒偶因重九會勝覽一登攀羣鳥相飛集孤雲自往還海天高處望鑑水去潺湲 其四

遊觀山寺 乙巳　　邑拔貢 譚應祥

偶到觀山寺松門半掩扉白雲天外去黃鶴樹間飛野潤看朝霽僧閒伴夕暉玉泉仙蹟在對景自忘機

潘坡丹竈 壬午　　譚應祥

山已傳仙姓眞人尚有坡地留丹穴古泥受竈烟多井塞埋金玉棊殘爛斧柯黃精能不死煉藥訣如何

石船蒼蘚

誰言船化石。乘者已飛昇。蘚自三春長。蒼然一片凝。遊蹤憶觀鑑。遺跡勝崚嶒。不要名峒篙能轉。仙舟或可登。

觀山玉井

聞說燒丹異。峯頭噴白烟。祗因坡有竈。能使玉爲泉。九軼今空掘。一瓶誰結緣。觀山留去久。無復水涓涓。

鑑江秋月

山觀江亦鑑。澄澈見仙心。雲洗三秋凈。波涵孤月深。空明舟子擊。清曠雅人吟。漸覺瀛洲地名近。蘆蕭荻滿林。

茂嶺晴嵐

是嶺名爲茂。[illegible]中有茂名。丹成春不老。嵐洗雨初晴。草木鍾靈氣。烟霞結夙盟。屹瞻時一眺。葱鬱接佳城。母氏李恭人墓在茂嶺西

筆架青峯

欲架何人筆。天然對學宮。三峯騰秀氣。一郡振文風。光映玉臺外。青浮花石中。記亭誰握管。妙手擲空空。

東山樵唱

昔年州未建。此地即深山。羽客觀棋久。樵夫結伴還。偶然相唱和。忘却路迴環。知否城東去。仙蹤不可攀。

雙潴漁歌

何處漁家樂。歌聲緩緩來。一灣宮上下。雙潴水縈洄。隔浦音相續。鳴榔響又催。掠舟孤鶴過。天地戛然開。

丁未登筆山絕頂　譚應祥

夏日動游興晨起往筆山山骨瘦巉巉險絕不可攀憶昔白雲游泉聲水石間路難退畏苦清曠杳塵寰今陟靑峯上始覺舉步艱雲摩千仞頂石扼四面關仙風忽然來心境與俱閒勢欲凌碧漢直上不知還振衣立中峯高呼驚市闤羣山一覽小拱附如趨班眞靈雖未遇爽氣撲我顏題詩欲架筆招手天莫慳

觀山古蹟補錄

分藩陶正中重修觀山寺序云、高郡城西半里曰觀山、相傳晉潘茂名於此飛昇、舊有昇真觀、因以得名、明萬歷間觀廢、復建觀去聲山寺、以奉潘仙像、上有金玉二井、雍正辛亥、觀察遂齋毛公登高懷古、慮夫名蹟之就湮後、觀之弗備也、出廩入之餘、為工庀材、鼎新故址、復因山石竹木高下自然之勢、益以飛甍邃宇、承以曲磴迴廊、窈然廓然、足令尋勝者意愜也、公素敬信、唐進士純道眼半生碌碌剩吟肩相期共弄濂溪月隨在得覩君子蓮先是觀山定峯禪師爲余安扦母墓後在羊城晤業師趙仙心言乩示前生與余同在呂仙門下余呈詩云因緣早悟三生上離合何曾一夢中師和云同棲縹緲瀛洲上暫降嫏嬛福地中又得圓圓師授余以黃石楊蔣心法統計生平閱歷具有仙緣擬於觀山建堂供奉諸師俾近潘仙香火一瓣長留未卜夙願能償否也

靈湫石巖 附録

靈湫山、去城東五十里、高六十餘丈、雲爐堡舊雹白後、東有大小二巖、大巖亦曰龍湫、中有龍井、禱雨輒應、離巖五里有靈湫廟。

明郡守姚繼舜記云、相傳舊雹白（今茂地之東三十里雹白堡）有龍湫巖、其禱雨靈應如響。丙子歲夏旱、余竭蹶登巖、而風雨驟作。今夏四月復苦旱、父老請汲龍湫水以禱、初取其贋者不應、更汲真者、有五龍爲潘仙人遺製、請

而禱之三日丙霖雨浸灌苗始蘇民欣欣相告曰靈固
弗靈於龍也龍湫則固龍之神窟宅於斯以顯靈也
國朝邑令孫士傑記云及其湫之興雲致雨也丁卯秋
旱禱之雨癸巳又旱延潘仙之龍置水中赤日如焰倏
然雨如注說者謂龍之靈藉湫之潤而交相成也
按二記俱稱龍爲潘仙製靈湫龍窩亦合爲一事足
證俗傳潘郡守之誤

龍窩古蹟

龍窩廟在城東三十里龍山下、山有龍潭上有石船甚肖、龍窩在廟之左、去漈尾坑村不遠、右為良庵村、縣志云蕉林堡大窩村石盤貯銅龍五、遇旱禱雨信手探取一龍、無不靈驗、金龍主雲雨、信龍主風、飛龍主日出、神龍主旱、水龍主風雨、相傳永樂間潘公守郡、涉公領邑相得甚歡、潘公解組歸、買金蝦五條、封寄涉公、則五龍也、倏去龍山田中之深潭、或隱或躍、可見不可捉近山居民多啾唧，疑其爲祟，願立廟以祀。三月十五見銅龍五，聽人取之，移貯石盤，而潭水忽乾，遂以是日爲五龍生日，祈雨立應，此神物也。沙公愛之，去之日，私以贗易其眞者，携至中途，飛回者三，金龍、水龍、飛龍也，神龍、信龍則是沙公贗物。今祀五龍，并祀潘眞人、沙舍人。然考永樂時，並無潘公、沙公來守郡邑者，舊志不載畧任，故多遺失，姑記野人所傳，以俟識者辨之。據家姓舊簿，潘郎、潘仙、沙乃郡守也。

按郡吏禱雨，例往龍窩迎龍，靈湫嚴取水，回至沙石

塘相會龍置水中甘霖立應惟地分兩處舊志幾混爲一特揭出以告來者

同治間容茂才錫成重修龍山廟引云茂邑之有龍山者居縣治上游稱形家少祖然湖厥龍名實因窩著去廟前百步有石上一泓神奇亦號靈湫旱潦曾無耗溢禱雨浴龍輒應訪遺聞於故老傳逸事於古初沙舍人一撽捧來恩留下邑潘仙佰九還燒處景愛名山擅洞府之清幽藏修功滿契苔岑之臭味仕隱交深此言潘卽茂名跨鶴上

潘仙全書　附録　四十七

昇猶未忘於民人城郭，封蝦遠寄，實相貽以雨露風雲，道啓魚鱗，驚乎龍種，備五行之數，此水斯靈，爲三日之霖，其神不測，飛甯因竊，在田符利見之占，血豈真流，戰野銷元黃之厄，相傳龍被竊飛回隴畔爲鋤傷足流血滿畝鄉之人神其變化，圖報恩施，效葉縣以祭王喬，如桐鄉之祠朱邑，有馴龍法仙伯，既靈鎮山河，號豢龍官，舍人宜享爲社稷，不壞沙公說最是從此鹿轓親迓，雨即隨車，鷁首歲遊，潤常遍野，是以撥潮上之田，王觀察經營遠矣，春秋官祭監德施之楔，

孫明府有亭巋然，今者懼仙蹟將淪，龍功莫補，伏冀廣
施白撰，厚集青蚨，掘載而來，無待石船運至，傾囊以贈，
真如丹灶點成，（石船丹灶皆山中仙蹟）庶得鳩匠興工，鱗堂增色，
龍神歸洞，鸞馭下觀，此時廣結勝緣，皆善信衆擎之力，
他日詳鐫樂石，即官紳紀德之碑，
宋紹興間，有吹角老兵題詩於電白堡，仙去，詩云：畫角
吹來歲月深，譙樓無古亦無今，不如歸我龍山去，松柏
青青何處尋，觀此則龍山乃神仙洞府也，山上有石船

丹竈、髣髴潘坡、安知非潘仙修煉處耶

補錄玉泉一則

同治壬申、巡道孫楫、慕玉泉之勝、因舊井堙涸、命工濬深丈餘、始見涓流、連赴潘仙殿行香三朝、井泉湧出、汲水烹茶、味倍清冽、有詩云、盟心玉泉水、終古此潺湲、謂此也、光緒庚辰、郡守崇暐、景仰仙踪、題句云、丹竈玉泉仙跡渺、清風明月鶴歸來、

太上老君說常清靜經

老君曰、大道無形、生育天地、大道無情、運行日月、大道無名、長養萬物、吾不知其名、强名曰道、夫道者、有清有濁、有動有靜、天清地濁、天動地靜、男清女濁、男動女靜、降本流末、而生萬物、清者濁之源、動者靜之基、人能常清靜、天地悉皆歸、夫人神好清、而心擾之、人心好靜、而欲牽之、常能遣其欲、而心自靜、澄其心而神自清、自然六欲不生、三毒消滅、所以不能者、爲心未澄、欲未遣也、

道藏全書 道經 四七一

能遣之者、內觀其心、心無其心、外觀其形、形無其形、遠觀其物、物無其物、三者既悟、惟見於空、觀空亦空、空無所空、所空既無、無無亦無、湛然常寂、寂無所寂、欲豈能生、欲既不生、即是眞靜、眞常應物、眞常得性、常應常靜、常淸靜矣、如此淸靜、漸入眞道、既入眞道、名爲得道、雖名得道、實無所得、爲化衆生、名爲得道、能悟之者、可傳聖道、

老君曰、上士無爭、下士好爭、上德不德、下德執德、執着

之者，不名道德，衆生所以不得眞道者，爲有妄心，既有妄心，卽驚其神，既驚其神，卽着萬物，既着萬物，卽生貪求，既生貪求，卽是煩惱，煩惱妄想，憂苦身心，便遭濁辱，流浪生死，常沈苦海，永失眞道，眞常之道，悟者自得，得悟道者，常淸靜矣。

終南八祖說經解曰，在昔神寶太上，駕出函谷關，關尹望氣，知爲異人，懇祝闡揚秘密，太上著經文，凡五千言，分類八十一章，名曰道德尊經，其文多深邃，難可立解，太上惟恐世人見爲高遠畏縮不前勢必轉相暴棄爰是更著清靜寶經以爲求道者入德之門而是經語意全根道德經來會而通之則謂道德即清靜也可謂清靜即道德也可蓋道德經通體俱以無字作主惟無故道不可道名不可名而守其無即袪其妄袪其妄斯悟於空悟於空斯空其色空其色則空其心空其心自空其身心空而清身空而靜常應常靜常清靜矣其辭微而顯簡而文人亦略能識之而其中之關鍵尚未能窺

其淵深一日雲房老祖鐵杖道人遥元先生孚佑祖師
及韓何藍曹四祖在於終南駕鶴臺上焚香啜茗遥聞
下界諷持清靜真經於是八祖不勝歡喜踴躍相與共
訂真經秘髓異口同聲而敬註曰道本無何有形何有
情又何有名形無則真空見情無則妄念捐名無則萬
緣息無諸繫滯自無貪求無或貪求自無煩惱不生動
隙夫安有動不着濁根夫安有濁即濁是清即動是靜
靜而無靜斯爲真靜清而無清斯爲真清蓋空以無所

空爲空、寂以無所寂爲寂、方能化去執着、悟入元關、一滯聲色迷惑有無、是心是身、焉得清靜、入祖旣指陳秘要、又復共賡以詠嘆之曰、心心心果有心、究何心、身身身果有身、究何身、是心道之心、道之心曰無心、是身道之身、道之身曰無身、無身而身靜、無心而心清、身心清靜而無形、以還大道之無形、身心清靜而無情、以還大道之無情、身心清靜而無名、以還大道之無名、是謂清靜之傳燈、

高上玉皇心印妙經

上藥三品，神與氣精，恍恍惚惚，杳杳冥冥，存無守有，頃刻而成，迴風混合，百日功靈，默朝上帝，一紀飛昇，知者易悟，昧者難行，履踐天光，呼吸育清，出玄入牝，若亡若存，綿綿不絕，固蒂深根，人各有精，精合其神，神合其氣，氣合其真，不得其真，皆是強名，神能入石，神能飛形，入水不溺，入火不焚，神依形生，精依氣盈，不凋不殘，松柏青青，三品一理，妙不可聽，其聚則有，其散則零，七竅相

[illegible]山全書 道經 五十[illegible]

通竅竅光明、聖日聖月、照耀金庭、一得永得、自然身輕、太和充溢、骨化寒瓊、得丹則靈、不得則傾、丹在身中、非白非青、誦之萬遍、妙理自明、

潘仙習靜虛無之說、錄丹上昇之旨、原於清靜心印三經、錄此以便持誦、上士悟之、昇爲天官、中士修之、南宮列仙、下士得之、在世長年、所謂形神俱妙、與道合眞也、業存子識

校刋潘仙靈籤序

予少時得呂祖生生神數有求輙應深服其詞句古奥遠出焦氏易林上旋登觀山見毛觀察呂祖殿碑記盛稱神數前知立廟以報遂請潘仙並祀以山本潘仙飛昇處也仙籤亦以數稱古奥與神數等夫呂爲唐進士而潘則西晉人也時代較遠籤語不知始於何時或仙自撰歟抑附託以傳歟 國朝乾隆間邑舉人潘江賦云眼前有仙藥回首卽蓬瀛此卽從仙籤結句脱出迄

今又百有餘年矣神物護持籤語歷久而不廢殆有數存焉亟爲校正付梓其將與呂祖神數傳之無窮

光緒九年歲次癸未元旦業存子譚應祥謹序

潘仙全書跋

至誠之道可以前知故易爲卜筮之書而四聖人心法不外乎此誠以精義入神數居乎理之先而事物悉歸其範圍也南方有祈籤之術其灼見吉凶與卜筮同潘仙爲吾邑得道之士所傳籤語文旣渾古事多奇中以吾所聞及生平閱歷占驗之迹無有靈於 潘籤者
仙乎仙乎蓋前知與易相似矣乃神仙無意塵寰理數索解不易以致仙機若隱若見於千有餘年間今得譚

業存予采輯全書是彰神數以前民用實先得我心之所同然者捧誦之餘欣然助梓太史公有言高山仰止景行行止雖不能至心嚮往之吾於　潘仙亦云質諸譚子當不哂爲門外漢也

光緒癸未季夏朔日茂邑黎照亮齋氏謹跋

錢代籤卜訣

法以百籤分配十干甲乙丙丁戊己庚辛壬癸每干管十籤爲上一字又十籤之中自一至十再按十干配定爲下一字如舟車旅次之間不及廟卜可用錢十文袜記其一焚香虔祝云某處某人爲某事伏祈　潘仙鑒臨指示吉凶祝畢搖錢順排二次看袜錢初值甲次亦值甲爲第一數初值乙次則值甲爲十一數餘倣此推或將十干書十籤求二次亦可要在誠求不誠不應

光緒癸未端午後十日業存子譚應祥述

籤語詞句渾樸古雅可愛匪特以代卜筮之用兼可為修道之準绳當是乩筆所傳斷非後人臆撰静时莊誦一過闲悟性靈不少仙乎仙乎

潘仙靈籤錄後

甲　甲　甲

潘仙第壹數

天下太平日　將軍斂甲兵

入山修道妙　返本見眞神

潘仙第二數

春雷震　夏風巽　臥龍起　猛虎驚

風雷會合　救濟蒼生

潘仙第三數

三尺水　深不得　一堆泥　高不得

漸漸加　徐徐及　功深力久　自成泉及

甲丁

潘仙第四數

六馬交馳　男兒得志

前程早辦　榮歸有期

甲戊

潘仙第五數

等閑白了頭　畢竟成何濟

不如趁些精神　好尋覓些真處

甲己

潘仙第六數

分別開　雖不易　同伴行

猶濡滯　早赴前程　免着恢意

甲庚

潘仙第七數

强欲上雲梯　雲梯漸漸遠

一領紫羅袍　嫦娥不肯剪

甲辛

潘仙第八數

念盡千聲佛　轉念墜火坑

淸徹生　超凡邁常

甲壬

潘仙第九數

藥肆放靈丹　救人萬萬千

到頭登彼岸　渡過入仙班

甲癸

潘仙第十數

春景明　春色新　春花傍水生

春天無限致　好去走天庭

乙甲

潘仙十一數

隱中顯　顯中微　箇中有玄機

參透彼岸　直上天衢

乙乙

潘仙十二數

無上德　任前頭　回頭一悟　繩韁好收

千條萬綫　路在目前

乙丙

潘仙十三數

三日不知飢　七日不知飽

寒暑任推移　願食長生老

乙丁

潘仙十四數

一箇猪　可祭天地

雖喪身　亦得好處

乙戊

潘仙十五數

黃牛鬬土　大力開疆

西成時候　穀粟盈倉

乙己

潘仙十六數

人謗言 勿計論 到頭來 數已定

碌碌奔生 不如安分

乙庚

潘仙十七數

香閨寂寞 惹起一番情思

停針三復摽梅 却喜佳期在日

乙辛

潘仙十八數

程途原自穩 捷徑甚可期

得人來指點 平地上天梯

乙壬

潘仙十九數

一八若沉淪　何不猛省

一念頭轉來　修行爲本

乙癸

潘仙二十數

捕兎於淵　求魚於山　從朝至暮

功損力損　改絃易轍　庶可免羈

丙甲

潘仙廿一數

一牛埋首　茫茫自走

寧戚角歌　田單尾灸

丙乙

潘仙廿二數

手持一木魚　沿家去化米

不見齋公至　却遇一丐子

丙丙

潘仙廿三數

心要細　膽要粗

勇往前去　功成立睹

丙丁

潘仙廿四數

若是有緣人　一指便回首

執迷不悟者　屢引也不走

丙戌

潘仙廿五數

徐步入天台 為見好消息

採藥有仙童 洞府藏真色

丙巳

潘仙廿六數

深入青山 自建茅庵

萬事不管 立鼎造壇

丙庚

潘仙廿七數

洪水平川 順舟行速

逆水遇風 勢如破竹

丙辛	丙壬	丙癸

潘仙廿八數

金雞報道　報道五更

顛倒衣裳　朝門未曉

潘仙廿九數

一箇知音　却在天邊等

勿得遲延　靜夜要思忖

潘仙三十數

鼠伏穴　得自甯　一露首　猫即跟

伸威揚爪　鼠喪殘生

丁甲

潘仙卅一數

有田有畝　儘可躬耕
無窮收穫　都在西陂

丁乙

潘仙卅二數

近夜裡　勿前往　有一個　要着慌
牢牢記　須結黨

丁丙

潘仙卅三數

青龍已出世　頭角生成
雲興施雨澤　救濟蒼生

丁丁

潘仙卅四數

祿馬動　怎留停

快着先鞭　勿誤前程

丁戊

潘仙卅五數

非虎非熊　非蛇非龍

上天不得　下地不容

丁己

潘仙卅六數

夏火燥烈　冬水汪洋

交濟共美　煥乎文章

丁庚

潘仙卅七數

由故轍　非艮謀　索長策　猛回頭

舊圖新　更集慶

丁辛

潘仙卅八數

太白西現　候他成恩

功勳就緒　蔭子榮孫

丁壬

潘仙卅九數

金入明鑪　煅鍊成器

平地一聲　驚天動地

丁癸

潘仙四十數

陽春地　木長生

水流源清　天下太平

戊甲

潘仙四十一數

世人多馳逐　馳逐有榮辱

榮者匆匆　辱者碌碌

戊乙

潘仙四十二數

天門曾掛榜　預定奪標人

馬嘶芳草地　秋高聽鹿鳴

戊丙

潘仙四十三數

火下降　水上升　子午候　要調停

金丹飽滿　霞舉雲昇

戊丁

潘仙四十四數

勿怨久不發　發達自有期

西北轉角處　揚眉吐氣時

戊戊

潘仙四十五數

耕牛伏軛　闢土開疆

坐看收穫　黍稷稻粱

戊己

潘仙四十六數

人生世　在大川　心要主宰　務要心堅

心若堅　石也穿　世人歎了　何不爭先

戊庚

潘仙四十七數

萬花榮不久　松柏獨長青

造物分已定　浮生何認真

戊辛

潘仙四十八數

數已定　勿勞心　祇履處　百祥生

無意得著　受享自豐

戊壬

潘仙四十九數

駕扁舟　遭風玩

把舵不堅牢　休想登彼岸

戊癸

潘仙五十數

鉄樹開花　能有幾家

不如安分　莫要願賒

己甲

潘仙五十二數

浮生怎結果　枝幹枉然青

根枯葉焦後　猶幸有螟蛉

巳乙

潘仙五十二數

日來有得意　發跡在今朝
若遇龍虎客　決然顯英豪

巳丙

潘仙五十三數

勿嫌前途舛　時來風送臨
西北明有路　此地遇知音

巳丁

潘仙五十四數

一樹花開　風雨驟來
止留根蒂　花落塵埃

巳戊

潘仙五十五數
念頭要把定　不可持兩情
若還多猶豫　萬事總不成

巳巳

潘仙五十六數
丈夫並天地　何苦戀家鄉
邊塞揚威武　名芳姓亦香

巳庚

潘仙五十七數
后有坐山　前有明堂
兩兩相當　一穴偏右
青龍白虎
必背侯鄉

巳辛

潘仙五十八數

魚從江湖　何爲在釜

只因吞餌　所以受苦

巳壬

潘仙五十九數

道理何如天理　已心要譬人心

從此修爲向善　子孫蘭桂森森

巳癸

潘仙六十數

手提三尺劍　要斬賊臣頭

跨下烏騅馬　騰空上北邱

庚甲

潘仙六十一數

人在天涯外　那得鴻雁來
家人頻望眼　青草放濃懷

庚乙

潘仙六十二數

木向陽春地　秋時又復根
樵子不知道　砍去作柴薪

庚丙

潘仙六十三數

生宿是妖星　猿猴及樹精
若人遇此曜　迷了性和心

庚丁

潘仙六十四數

亢龍有悔　勿動勿興

提防不密　横禍時臨

庚戊

潘仙六十五數

原有門路走　何必苦悲嗟

在家固爲美　出路豈爲賒

庚己

潘仙六十六數

兩箇子女　同到齊行

陰陽和合　萬物化成

庚 庚

潘仙六十七數

夢裡被鼠驚　醒來不見人

終夜廢寢　直到天明

庚 辛

潘仙六十八數

奔波一世　總是虛浮　無常一到

萬事都休　急早回頭

庚 壬

潘仙六十九數

來有日　往有時　何事慢躊躇

飄然一往　心上無疑

庚癸

潘仙七十數

濟世有奇訣　救人須用心

三天曾紀錄　四海盡知名

辛甲

潘仙七十一數

一人往　二人行　前山有知音

可向仙山　勿誤前程

辛乙

潘仙七十二數

凶方宜避　吉方宜趨

看屬何途　達者認取

辛丙

潘仙七十三數

走遍羊腸路　塵埃滾滾來

染手更濡足　南北好安排

辛丁

潘仙七十四數

鼎中滋味　最不尋常

調羹在內　手段高強

辛戊

潘仙七十五數

六爻卦已定　生生不絕尋

支干皆相似　機緣大過

辛巳

潘仙七十六數

金牛駕車最難量　穩步康莊勿用忙
徐徐緩緩登途去　萬里前途任翱翔

辛庚

潘仙七十七數

此去萬里程　却遇一知音
同心共濟　大立勳名

辛辛

潘仙七十八數

念五事　布六宮　接八方　列九星
一灑符咒賊膽驚

辛壬	辛癸	壬甲
潘仙七十九數 去到長安　東北轉角 逢着天門　便有下落	潘仙八十數 一念上天堂　一念入地獄　天堂地獄 便分榮辱　可見念頭要真　不可惰忽	潘仙八十一數 直直直　天方識　真真真　神盡靈 歸宗返本　定是元精

壬乙

潘仙八十二數

走盡天涯　風霜歷遍

不如問人三天　漸漸有個雲開

壬丙

潘仙八十三數

車馬驟臨　旌旗影影　各自分明

招安討叛　永久前程

壬丁

潘仙八十四數

福星照　吉星臨　壽天白日見天眞

龍飛千載幸明廷

壬戌	壬巳	壬庚
潘仙八十五數 好藏身處好藏身　若不潛藏有禍臨 六丁神將　來護你們	潘仙八十六數 自身不修鍊　在世却枉然 輪迴不免　恐落迷關	潘仙八十七數 心月狐精　迷惑世人 世人不察　迷久傾身

壬辛

潘仙八十八數

危地得安　安不忘危

丈夫男子　不可依同

壬壬

潘仙八十九數

龍子早生鱗甲　行將奮跡天池

平地一聲雷响　搖頭擺尾舒眉

壬癸

潘仙九十數

未展英雄志　馳驅不憚勞

閉關歸何處　西北示前程

癸甲

潘仙九十一數

金雞一開口　三唱催人走

喚醒世間人　欲睡不長久

癸乙

潘仙九十二數

萬花開　春色新　為報長安好消息

真機會　不可失

癸丙

潘仙九十三數

莫謂花發晚　春來發自高

輕風來動盪　飄聞十里香

签丁

潘仙九十四數

白日休閒 青春難得

失今不爲 何時可待

签戊

潘仙九十五數

勿自在 勿自在 匆匆混世界

名利一關心 露出百千態

签己

潘仙九十六數

猛虎嘯山林 神龍歸大海

風雲際會時 頭搖并尾擺

癸庚

潘仙九十七數

只言休息好　怎似出首高

天家兩有數　數定豈相饒

癸辛

潘仙九十八數

狡兔離穴　走狗追行

隨人發縱　兔死狗烹

癸壬

潘仙九十九數

扳桂客　心要堅　有雲梯　在月邊

亭亭直上　才子爭先

癸卷六

潘仙壹百數

水雲人　多瀟洒　煉丹成　超苦海

一入仙班　千年萬載

癸　此載百壹首完

潘仙壹百零壹數

來意不誠　褻瀆神明　香罰五百　油罰壹埕

即刻送到　利就名成　男固遂意　女亦稱情

眼前有仙路　舉步即蓬瀛

茂邑譚應祥水亭氏校刊

高州市中医院概况

高州市中医院是粤西地区建院较早、规模较大，集医疗救护、科研教学、预防保健、康复养老于一体的国家三级甲等中医医院，是粤西首家、广东省第二家通过国家三级甲等中医医院评审的县级综合性中医医院。为广东省普通高等医学院校教学医院、广州中医药大学非直属附属医院。医院年门诊病人 65 万人次，出院病人 5 万余人次，住院手术超 1.5 万例；医院综合服务能力位居全省县级中医医院首位。

医院始建于 1960 年，历经两并两分，五易其址，于 2007 年 10 月搬迁至现址。2020 年，市委市政府站在“大卫生、大健康、大中医”战略高度，将市第二人民医院整体合并到该医院，实现功能优势互补、学科优势互补、人才优势互补、管理优势互补，大力推动做大做强该院以及茂名市中医药事业。

目前，医院现有中心院区（原市中医院）、南院区（原市二院新院区）、北院区（原市二院解放街院区）3 个院区，下辖中心门诊、永镇门诊、东门门诊、河西门诊、解放街门诊、南关门诊、石仔岭门诊 7 个门诊部和潘州街道、山美街道、石仔岭街道

3个社区卫生服务中心。医院实际开放病床1500张。总占地面积7.1万平方米，建筑面积12.82万平方米，业务用房8.98万平方米。其中，南院区已于2019年12月投入使用，首期占地50亩（控规100亩），建筑面积5万多平方米，开放病床800张。

设有骨伤、针灸、重症、普外、胸外、颅脑、泌尿、妇科、产科、儿科、新生儿、五官、肛肠、肝病、肿瘤、肺病、心病、脾胃病、口腔等临床科室50多个，其中有国家中医药管理局农村医疗机构中医特色专科2个（骨伤科、针灸科）、广东省重点专科5个（骨伤科、针灸科、儿科、妇科、治未病科）、广东省中医特色专科3个（肝病科、肺病科、脾胃病科）、茂名市重点专科5个（骨伤科、针灸科、外三科、外二科、妇科），形成了以骨伤科为龙头，外科以微创、内科以介入、中医以适宜技术的发展格局。

医院在岗职工近1500人，其中高级职称人员130多人，博士研究生、硕士研究生高学历人才45人。有省名中医1人、茂名市名中医3人；市优秀专家和拔尖人才15人、创新型领军人才7人；省级以上学术会任常务委员、副主任委员35人。广州中医药大学兼职（副）教授25人；韶关医学院兼职（副）教授39人。

设有医学影像科、医学检验科、超声科等医技科室8个，配备有1.5T核磁共振2台、CT机4台，以及数字减影血管造影机（DSA）2台、数字化摄像系统（DR）、雅培a3600全自动生化流水线等总值近3亿元先进医疗设备。

中医特色优势显明，有国医堂1个，院士（国医大师石学敏）工作室1个，省名中医李鳌才传承工作室1个，骨伤科、肝病、肺病、脾胃病等省市级名医工作室4个。此外还有治未病科、妇女保健养生基地、儿童康复中心和20多个中医综合治疗室，开展中医药适宜技术共60多项，拥有经广东省药监局批准的各种自制药31种。

医院以环境舒适、设备先进、技术精湛、服务优质吸引了粤西地区以及海南、广西等地群众前来诊治。医院可开展心血管、外周血管介入，肿瘤介入、粒子植入，神经介入；其中，骨伤科开展断肢断指（趾）再植，关节镜治疗各种关节骨病，椎间孔镜治疗椎间盘突出、椎管狭窄等手术；神经外科开展脑肿瘤摘除、脑出血、脑血管畸形等手术；普外科开展腹腔镜微创根治胃肠肝胆肿瘤，逆行胰胆管造影取石术、左右半肝切除等手术；泌尿外科开展常规泌尿外科手术及前列腺癌、膀胱癌等高难度手术；妇科开展腹腔镜治疗各类妇科肿瘤及妇科常见急、重症等手术；微创外科及口腔科为其特色专科，微创手术切口细到2毫米，被列为省适宜技术推广项目。

后 记

这是我的第六部文化专著。

回眸，是人生一次华美而知足的自省。

2015 年 11 月我从内蒙古文化考察归来，就有一个想法，家乡茂名的地方文化是什么，如何能挖掘粤西特色的历史文化？我想到了潘茂名，想为文化做一件有意义的事情。

这位小时候就耳濡目染的历史人物，仙化式人物。我七八岁时候跟随姨妈在高州观山，那时在潘仙殿看到是一樽呆板的神像。40 年来，我的姨妈一直守候在观山寺门口，以香烛为生。在这里认识了高州市文化馆副研究馆员周泽明、高州市博物馆馆长陈冬青，他们带领我走遍了高州的潘茂名文物古迹。

2001 年 7 月 29 日南方日报副刊发表《千年的礼拜》，标志我的文化散文创作开始，通过文学宣传粤西历史文化，涉及潘茂名。2016 年经著名作家张慧谋、茂名市政协文史委主任高莉推荐，我参与茂名建市 60 周年大型丛书《点赞茂名》撰稿，负责首篇《走近潘茂名》长篇历史散文创作，与茂名日报社记者深入采风、考古，整理潘茂名历史文献资料。

2018年受茂名市博物馆馆长陈朝晖、茂名市潘茂名公园管理处主任唐昊成的委托，负责潘茂名公园的总撰稿，与专家团队在广东地区深入考察潘茂名历史文化。与广东石油化工学院卢诚教授、茂名市纪委宣传部长何火权、文史专家张均绍、姜桂义等，深入考察论证潘茂名出生地为根子镇官垌村委会亚盘村。这座古老村庄历经千年，只有盘姓村民，依山傍水，风光秀丽，古朴盎然。

2019年经广东广播电视台编导张华雄、广州珠影导演张雨推荐，我负责三集人文纪录片《潘茂名》总撰稿，通过多种方式，在全国范围内考察寻找潘茂名遗迹遗址、文献资料、中医药传承人等。撰稿纪录片《潘茂名》解说词，是最艰苦一次文学创作，历时大半年，由于版权签约问题在本著作中收录7000多字，原文约2万字。解说词得到中国作协、广东作协、茂名高新区、市文广新局、市文联、市社科联、市图书馆、市书法家协会等25位作家编剧、专家学者提出宝贵意见。

潘茂名文化、冼夫人文化是茂名最具代表性文化。由于多种原因，冼夫人出生地及逝世年份长期存争议。为避免这种困扰，我与文史朋友谈过多次，想通过媒体统一潘茂名的生卒年月。我专程与广东省文物考古研究所研究员邱立诚、潘仙观主持丁宗猴道长、茂名市道教协会会长谢十允、潘茂名第42代中医药传人江洪亮等10多位文史专家综合考证出来，2019年3月通过《点赞茂名精选集》统一发布，收录入百度百科“潘茂名”词条，2020年6月18日茂名日报专访中我重申这个成果。在纪念茂名建市60周年丛书《点赞茂名精选集》中，茂名市委、市政府正式提出“潘茂名文化”的概念、内涵，我归纳并写入了《走近潘茂名》。

文化研究与文学创作一路同行，这是一种孤独的文化苦旅。大量的古籍文案与电脑阅读，是以眼膜的损伤为代价的，常人难以理解一名文化作家的执著。幸好我有西粤居，阳台花园，双休日的办公室，有蜻蜓 FM 电台，金骏眉，还有不离不弃的客家娘子相伴。虽然互联网信息知识信手拈来，但良莠混杂，历史依据混乱。针对这些内容，我在广州中山图书馆、茂名图书馆、高州图书馆进一步核实史料，一切以史实文献为依据。偶然机会，我在唐懿宗时期《北户录》找到可能是最早关于潘茂名的记录。在唐昭宗时期《岭表录异》找到最早将潘茂与潘州得名联系的文献，我曲折找到这两本古籍，并拍摄收录入著作。找到这些宝贝时，我像孩子一样跳起来，这种满足感难以忘记。著作首次收录浙江、江苏、江西、韶关、惠州、北流、桂林的潘茂名文化遗迹，这是以前面世的潘茂名著作都没有的。

《潘茂名研究与综述》是一部潘茂名文化研究全集式著作，从酝酿、考察、核实、撰稿、出版，历时 5 年，是我经历最久的一部书籍。茂名市委宣传部副部长刘志武对书稿提出宝贵意见。茂名市社科联党组书记、主席郭亿万高度重视，支持把本书纳入市社科联“社科专家著作工程”扶持项目。感谢茂名市好心文化研究与传播学会会长吴燕云大力支持，把本书纳为其学会扶持项目，并亲自统筹出版工作。得到茂名高新区管委会、茂名市石油化工行业协会、高州市中医院潘茂名中医药文化馆大力支持，伍世绩院长、江洪亮博士提供了潘茂名中医药文化珍贵资料。我的学生梁国景、肖光恒、吴巧燕、黄文杰、赖凤兰协助本书出版，疫情之年给老师温暖的鼓励。

承蒙中国作协王山老师、著名考古学家邱立诚亲自为本书撰写序言，不胜感激。著作收录了茂名市潘茂名研究专家张均绍、胡光焱、刘劲、罗瑞、李晓东等一批代表性潘茂名文集、剧本，对茂名市潘茂名文化研究者、文艺工作者表示敬意。由于本书涉及大量的文献史料，难免错漏，请提宝贵意见，再版时统一更正。

“借问瘟君欲何往，纸船明烛照天烧。”2020年新冠疫情常态化之年，是古老中医药学焕发光芒的时期。植根于岭南中医药学，但愿这部关于“岭南仁医”潘茂名的著作面世，给世人一种心灵与智慧的鼓舞，病瘟逃之夭夭。

有了潘茂名千年信念的护佑，面对高凉山水，一定会春暖花开。

2020年12月作者于茂名西粤居